En couverture : *Île de France*, 1927

LA CHEVAUCHÉE ANONYME

Collection dirigée par Charles Jacquier

Howard Zinn, *L'Impossible Neutralité.*
Autobiographie d'un historien & militant

Howard Zinn, *Une histoire populaire des États-Unis.*
De 1492 à nos jours

Howard Zinn, *Le XXᵉ Siècle américain. Une histoire populaire*

Normand Baillargeon, *L'Ordre moins le pouvoir.*
Histoire & actualité de l'anarchisme

Daniel Martinez, *Carnets d'un intérimaire*

Jann-Marc Rouillan, *Lettre à Jules,* suivi de *Les Voyages*
extraordinaires des enfants de l'Extérieur et *Chroniques carcérales*

Charlie Bauer, *Fractures d'une vie*

Loïc Wacquant, *Corps & âme.*
Carnets ethnographiques d'un apprenti boxeur

Stig Dagerman, *La Dictature du chagrin*
& autres écrits politiques (1945-1950)

Marcel Martinet, *Culture prolétarienne*

Première édition : Éditions Noir, Genève, 1978

© Agone, 2006 pour la présente édition
© Marianne Enckell pour « In Memoriam »

Agone
BP 70072, F-13192 Marseille cedex 20
<www.agone.org>

isbn : 2-7489-0055-3

Louis Mercier Vega

La chevauchée anonyme

« Ni l'un ni l'autre camp (1939-1941) »
Avant-propos de Charles Jacquier

« In Memoriam »
Témoignage de Marianne Enckell

« Une attitude internationaliste
devant la guerre »
Postface de Charles Jacquier

AGONE

Toutes les notes du texte de *La Chevauchée anonyme* sont de l'éditeur. Sauf indication contraire, les renseignements biographiques sont tirés du CD-Rom du *Dictionnaire Maitron* (Éditions de l'Atelier, 1997) et du site Éphéméride anarchiste <http://ytak.club.fr/index.html>.

Édition établie par Héléna Autexier, Thierry Discepolo, Gilles Le Beuze et Anne-Lise Thomasson. Nous remercions Miguel Chueca, Marianne Enckell et Freddy Gomez pour leurs indispensables lectures.

Ni l'un ni l'autre camp
(1939-1941)

L E 3 SEPTEMBRE 1939, dix jours après la signature du Pacte germano-soviétique, la France, à la suite de la Grande-Bretagne, déclare la guerre à l'Allemagne, dont les troupes viennent d'envahir la Pologne. Depuis l'arrivée de Hitler au pouvoir le 30 janvier 1933, de multiples signes annonçaient le conflit : annexion de la Sarre et rétablissement du service militaire obligatoire (avec une multiplication par cinq des effectifs de la Wehrmacht en 1935), *Anschluss* de l'Autriche et crise de Munich en 1938. Malgré le caractère prévisible de la guerre, Victor Serge témoignera, au moment de sa déclaration, de la « liquéfaction complète des organisations ouvrières » [1]. Ce qui s'est joué d'une guerre l'autre, c'est la perte de l'autonomie ouvrière et le ralliement du plus grand nombre

---

[1]. Victor Serge, *Mémoires d'un révolutionnaire 1901-1941* (Seuil, coll. « Points-Politique », 1978, p. 382) ; lire également Jean Rabaut, *Tout est possible ! Les « gauchistes » français 1927-1944* (Denoël, 1974, p. 324).

à des politiques étatiques étrangères par nature à toute libération humaine.

Dès août 1914, le mouvement ouvrier, majoritairement rallié à l'Union sacrée, avait entamé son apprentissage du réformisme : une social-démocratie définitivement transformée en aile gauche de l'État bourgeois – sinon en son plus fidèle et plus sûr soutien. Au milieu des années 1920, le mouvement communiste stalinisé servit d'auxiliaire à la politique étrangère du capitalisme d'État des bureaucrates du Kremlin, dévoyant et corrompant de nombreux militants sincères. Faibles et marginalisés, les quelques groupes d'extrême gauche incarnant l'idée d'une émancipation sociale autonome se révélèrent incapables de faire face collectivement à la déclaration d'une nouvelle guerre mondiale. L'un des dirigeants du Parti socialiste ouvrier paysan (PSOP), Maurice Jaquier, en témoigne : « Le problème central qui se posait à nous et que nous avions à trancher, c'était notre attitude en cas de guerre. Je savais bien que, sur ce point, il n'existait aucune unité entre nous ; les débats le montrèrent, hélas, surabondamment. [...] Dans l'appel qui clôtura notre seul congrès [27-29 mai 1939], nous parvînmes à faire taire nos divergences, à réaliser une équivoque unité, dans laquelle allaient se trouver enfermés les membres de l'ultime équipe, celle qui subirait la répression, la prison, la mort, le bagne, avant de se dissocier totalement et sans espoir de refaire le Parti socialiste ouvrier et paysan. [2] »

---

2. Maurice Jaquier, *Simple militant*, Denoël, coll. « Les Lettres nouvelles », 1974, p. 167.

En butte à la contre-révolution qui a suivi l'échec des insurrections et des grèves des années d'après-guerre puis la défaite espagnole, ces minorités se sont trouvées également paralysées par des questions théoriques irrésolues, comme celle de la nature de l'URSS – du deuil, difficile pour beaucoup, et impossible pour certains, du caractère socialiste de l'expérience soviétique –, ou par la difficulté de prendre en compte des changements de fond intervenus dans les formations sociales capitalistes entre 1918 et 1929. En France, si l'on ajoute à ces problèmes la répression gouvernementale puis la débâcle de mai-juin 1940, on comprend aisément pourquoi les réactions de ces militants sont avant tout individuelles.

Le destin de trois anarchistes illustre parfaitement cet éclatement du milieu libertaire devant la guerre, qui touche aussi les syndicalistes révolutionnaires, les trotskistes et les socialistes de gauche du PSOP [3]. En mars 1939, le secrétaire de l'Union anarchiste, René Frémont, affirme devant des militants de la région parisienne : « En cas de guerre, les militants doivent sauver leur peau et réaliser une organisation clandestine leur permettant de rester en liaison entre eux, même si toute propagande est impossible ; de cette façon, le moment venu, ils pourront agir avec cohésion et à bon escient. [4] » Un des animateurs, avec

---

3. Pour un large panorama de ces itinéraires, lire « Les anarchistes dans la résistance. Témoignages 1939-1945 », vol. II, *Bulletin du CIRA-Marseille*, 1985, n° 23-25.

4. Cité *in* Jean Maitron, *Le Mouvement anarchiste en France. De 1914 à nos jours*, vol. II, François Maspero, 1983, p. 36.

Voline, de la Fédération anarchiste de langue française, André Prudhommeaux, écrit quant à lui dans
L'Espagne nouvelle du 15 avril 1939 [5] : « Le recul est trop
général depuis juillet 1936 pour nous laisser une chance
de pouvoir combattre efficacement pour notre propre
cause. » Avant d'ajouter : « Quant à nous faire crever
la peau pour le capitalisme, trop des nôtres sont déjà
tombés en Espagne et ailleurs. » Ainsi, au moment de
la déclaration de guerre, le premier rejoint son unité
dans l'attente d'un réveil révolutionnaire au cours de
la guerre. Il est tué en juin 1940. Le deuxième gagne
la Suisse où réside la famille de sa compagne. Il y
demeurera jusqu'à la Libération. L'itinéraire du dernier
est la matière même de ce livre : de son départ
d'Europe pour l'Amérique latine durant l'hiver 1939-
1940 à son engagement dans les Forces françaises libres
en 1942, Louis Mercier tente, à sa façon, de répondre
à la difficile question « Partir ou rester ? », avec la préoccupation constante de continuer à mener son propre
jeu tout en maintenant en contact les fragments épars
et infimes d'une Internationale libertaire qui ne s'est
pas résignée à rallier l'un ou l'autre camp.

À la manière d'un roman, *La Chevauchée anonyme*
évoque ces destinées aventureuses pour faire remonter les débats au vif de ceux que l'on a quelquefois
nommés les « révolutionnaires du troisième camp » [6].

---

5. *Ibid.*, p. 37.

6. Lire Pierre Lanneret, *Les Internationalistes du « troisième camp » en
France pendant la Seconde Guerre mondiale*, Acratie, 1995 ; Georg
Scheuer, *Seuls les fous n'ont pas peur. Scènes de la guerre de trente ans
(1915-1945)*, Syllepse, 2002 – et le dossier de la revue *Dissidences*,
« Révolutionnaires en Seconde Guerre mondiale », 2003, n° 12-13.

La plupart d'entre eux n'avaient pas attendu la déclaration de guerre pour s'opposer au fascisme dans leur pays d'origine, qu'ils fussent antifascistes italiens ou allemands, ou en se rendant en Espagne dès juillet 1936, vérifiant au péril de leur vie cette évidence soulignée par Howard Zinn : « Les Alliés – États-Unis, Grande-Bretagne et Union soviétique – ne sont pas entrés en guerre par pure compassion pour les victimes du fascisme. Les États-Unis et leurs alliés ne déclarèrent pas la guerre au Japon quand celui-ci massacra les Chinois de Nankin, ni à Franco quand il s'en prit à la démocratie espagnole, ni à Hitler lorsqu'il expédia les Juifs et les opposants dans les camps de concentration. Ils ne tentèrent même pas de sauver les Juifs d'une mort certaine *pendant* la guerre. Ils n'entrèrent en guerre que quand leur propre domination fut menacée. [7] »

Quand la guerre éclata, ces militants-là ne purent donc que témoigner avec les plus grandes difficultés contre cette logique monstrueuse des États qui a permis non seulement l'asservissement du plus grand nombre mais aussi donné au monde les dizaines de millions de morts que symbolisent aujourd'hui les noms d'Auschwitz et de Hiroshima.

Faut-il rappeler ici que ce que l'on présente toujours comme une « guerre juste » se caractérise en fait par un degré de barbarie jamais atteint ? Et qu'aucune des parties n'est exempte de responsabilités. Des camps d'extermination nazis à l'explosion des bombes

---

7. Howard Zinn, *L'Impossible Neutralité*, Agone, 2006, p. 161.

atomiques sur le Japon, en passant par les bombardements aériens de villes abritant des populations civiles, ce conflit fut en effet quatre à cinq fois plus meurtrier que la Première Guerre mondiale, dont le bilan s'était soldé par dix millions de morts.

Aux réalistes de tout poil, toujours prompts à rallier le camp des vainqueurs et à justifier l'injustifiable, on nous permettra de préférer les personnages de ce livre qui, envers et contre tout, tentèrent de maintenir vivante l'espérance d'un monde meilleur dans les circonstances les plus difficiles qui soient.

CHARLES JACQUIER
Marseille, octobre 2005

Chapitre premier

Marseille, septembre 1939

LES ORGANISATIONS ÉTAIENT BLOQUÉES, vidées de leur contenu par la mobilisation, paralysées par la surveillance policière. Les quelques locaux encore ouverts étaient connus et évités comme des pièges. Seuls quelques vieux, ceux qui avaient dépassé l'âge de la territoriale, venaient balayer les pièces désertes, ramasser les rares lettres et empiler les publications qui continuaient d'arriver de l'étranger et que plus personne ne venait parcourir.

Même la vieille Bourse du Travail était devenue suspecte pour tous ceux que les fiches de renseignements, l'allure juvénile, ou tout simplement la façon de se tenir et l'accent mettaient en danger. Les femmes, les très jeunes gens ou les tout anciens servaient encore de relais, porteurs de commissions verbales.

L'image de Victor Serge, « l'illégal a deux ombres »,
ne valait plus [1]. Ce n'était plus la chasse à l'individu,
c'était maintenant la rafle par rue, par quartier, ou
l'interpellation systématique de tout homme qui ne
s'identifiait pas au paysage. Il était encore possible de
circuler le jour à condition de banaliser le vêtement
ou le langage et de posséder une pièce d'identité pré-
sentable, un livret militaire d'une classe non encore
appelée. Mais dès la nuit tombée, le black-out trans-
formait les règles du jeu et toute silhouette devenait
dangereuse pour les chasseurs comme pour le gibier.

L'action collective, les mouvements, les groupes de
quartier ou d'usine, les publications, tout cela était
effacé. Les dimensions du combat s'étaient brus-

---

[1]. Il est sans doute fait allusion ici à un passage du premier chapitre
des *Hommes dans la prison* [1930], Climats, 2004 : « Le révolutionnaire guetté par le bagne ou par la potence, qui, dans une rue animée,
se sent soudainement épié ; – le militant illégal qui, rentrant le soir, sa
tâche d'organisateur ou de journaliste faite, a tout à coup l'impression
qu'une ombre s'attache à son ombre, qu'un pas décidé répète le
sien ; – l'assassin, le voleur, le réfractaire, l'homme traqué quel qu'il soit
connaissent bien l'émoi de cette minute, presque aussi amère d'être
pressentie que d'être vécue, indépendamment de leur courage et de
leur volonté. » Rappelons que le poète et écrivain Victor Serge (1890-
1947) fut d'abord emprisonné dans le cadre de l'affaire Bonnot, réfugié en Espagne, puis incarcéré en France pendant la Première Guerre
mondiale avant d'être expulsé vers la Russie, où il se ralliera aux bol-
cheviks. Après la mort de Lénine, il sera arrêté en tant qu'oppositionnel
trotskiste, envoyé en relégation puis expulsé d'URSS suite à une campagne d'opinion de l'extrême gauche en sa faveur. Réfugié à Marseille
en 1940, Victor Serge, qui s'est rapproché de la revue syndicaliste *La
Révolution prolétarienne* et du POUM après sa rupture avec Trotski,
obtient un visa pour le Mexique, où il collabore, avec Julián Gorkin et
Marceau Pivert, au mouvement et à la revue *Socialismo y Libertad*. (Lire
Victor Serge, *Mémoires d'un révolutionnaire 1901-1941*, Seuil, 1978.)

quement réduites. Tout militant misait sa liberté dans l'immédiat, plus d'un jouait sa peau à échéance. Une poignée de tenaces éditait encore à Paris, pour maintenir le défi et refuser le désespoir, un *Courrier des camps*[1] qui entretenait, chez les Espagnols et les débris cosmopolites des multiples déroutes, les apparences d'une solidarité. Il ne restait que des individus, acculés, traqués, réduits à leur maigre capital de relations, à leur poignée de monnaie dans la poche et à leur costume encore acceptable.

La France était une trappe dans une plus grande trappe européenne en train de se refermer. Et Marseille était un piège à rats. Le cours Belsunce et la Canebière, le centre et les quais avaient perdu cette ambiance bon enfant faite de laisser-aller et de franches plaisanteries qui donnait à la ville une certaine chaleur humaine,

---

I. Journal ronéoté en français et en espagnol dont a paru un seul numéro daté du 1er août 1939. Le titre faisait référence aux camps d'Argelès, Barcarès, Gurs, Saint-Cyprien, Vernet d'Ariège, etc., où avaient été parqués les réfugiés espagnols à leur arrivée en France. L'éditorial précisait : « Voici quelque temps, nous avons pu entrer en contact avec des militants espagnols [survivants du groupe des "Amigos de Durruti"] qui avaient eu déjà des positions nettes en Espagne, et qui, en France, cherchaient à tirer une leçon plus complète des événements dont ils avaient été parfois les animateurs et, trop souvent, les victimes. Ces camarades sont démunis de tout pour de multiples raisons. Il nous est apparu que, si nous pouvions leur accorder un moyen d'expression, si faible soit-il, nous ne ferions pas œuvre inutile. C'est pourquoi nous avons envisagé de transformer *Révision* en un bulletin d'expression pour les réfugiés espagnols chez qui nous retrouvons des préoccupations politiques et morales peu éloignées des nôtres. » [Cette antécédence explique que le premier bulletin du *Courrier des camps* soit numéroté 6 – sur la revue *Révision*, lire *infra*, p. 234 *sq*.]

malgré un arrière-fond sordide. La couleur de gaieté avait disparu, et du même coup les accents se faisaient crapulards, les odeurs aigres, les teintes sombres. Le temps était venu pour les discours aux médaillés et les combines à verres fumés.

Parrain marchait vite, à la fois pour rester moins longtemps sous les regards des policiers en uniforme ou en civil qui lui semblait composer la majorité des passants, et pour se retrouver, même si c'était dans une nasse, entre copains. Il portait des papiers suisses de bonne apparence, mais il logeait chez une directrice d'école sympathisante, en compagnie de trois jeunes Français mobilisés qui n'avaient pas rejoint. Il n'avait donc pas de domicile avouable. Il fallait qu'il s'imagine chaque jour arriver de Genève pour quelques heures, juste le temps d'aller voir un avocat.

Mario était ancré dans un petit hôtel-restaurant du Vieux-Port, tenu par une Piémontaise boulotte qui se disait antifasciste, l'était sans doute, mais se trouvait professionnellement tenue d'entretenir de bonnes relations avec les services de la Préfecture. Mario, c'était la solidité, le calme, la poignée de main ferme, la conviction agissante. Un lit toujours défait, une table avec des journaux et des restes de repas, deux chaises, jamais de lettres – déchirées ou brûlées aussitôt que lues et retenues – des dizaines d'adresses en mémoire. La certitude que la situation était désespérée, qu'elle ne pouvait qu'empirer, et une volonté constante de tenir.

— Partons, lui dit Parrain. La guerre va s'étendre rapidement. Les portes vont se fermer. De Marseille, les routes ne mènent nulle part. L'Afrique du Nord, à supposer qu'on y parvienne, est aussi française que la métropole du point de vue policier. Mais il reste le Nord, la Belgique, la Hollande, les grands ports. Filons. J'attends un mandat en fin de semaine ; il nous permettra d'atteindre la frontière, côté Erquelinnes ou Givet. Nous passerons. À Anvers ou à Amsterdam il reste des occasions. Dès que la guerre vraie commencera, et cela ne saurait tarder, Hitler croquera une France sans ressort et sans goût pour la bagarre. La Suisse n'échappera sans doute pas à la mise au pas national-socialiste de l'Europe. L'Italie jouera les Thénardier. Et alors, d'un côté comme de l'autre, de Paris, de Berlin, ou de Rome, tu te feras avaler mon pauvre Mario, toi et les copains italiens, ennemis déclarés, battus plusieurs fois, sans ressources et sans défenseurs. Prenons du champ, allons observer d'un peu plus loin ; nous verrons plus clair et agirons mieux.

Les grosses mains de poseur de briques de Mario se massaient, s'étreignaient, faisant craquer les jointures. Le nez fort s'inclinait vers les genoux tandis que les longues jambes s'étendaient sous la table.

— Tu as sans doute raison. Pour toi, pour tous. Mais moi je ne peux pas partir maintenant. Avec l'argent qui pour le moment continue d'arriver des copains des États-Unis, par la Suisse, je donne à bouffer à cent ou cent vingt zèbres de notre genre – de la soupe et des pâtes, mais c'est l'essentiel. Si je pars, c'est la débandade ou les conneries – c'est-à-dire le camp, la prison, l'expulsion pour la plupart. Si je tiens, les chances de chacun sont prolongées. Le temps, c'est important. Il y a des bateaux qui partent encore. J'ai,

si tu veux, la fonction de tenir ouvert un dépôt d'isolés. Que chacun cherche et tente sa chance, c'est bien.
Mon boulot, c'est de la leur conserver. Tu comprends?

Au point où il en était, Parrain comprenait tout. Ce
qui n'arrangeait rien.

— Ici, c'est un cul-de-sac. Tu peux favoriser les
départs, mais tu resteras coincé. Es-tu sûr au moins
de la taulière? Et du grand dadais qui tient le comptoir? Une descente ici et c'est la fin, non seulement
celle de la tribu, mais la tienne…

— Tant que je coucherai avec elle, je serai garanti
du côté bavardage. Quant au loufiat, tout ce que j'en
sais, c'est que c'est un maximaliste, fils de militant…
Il ne pourrait, dans le pire des cas, faire sauter toute
la filière, car alors cela lui retomberait sur le nez.

Ils convinrent de réunir, le dimanche suivant, le plus
grand nombre possible de compagnons, personnellement connus. Ce ne serait évidemment pas une assemblée délibérante. Plutôt un repas d'adieu avant le grand
steeple, une dernière croûte cassée en commun, pour
que le souvenir en demeure dans la mémoire de chacun aux jours proches de la planque, des cheminements solitaires, de la prison. Et aussi pour recenser ce
qui demeurait possible en fait de papiers, d'adresses, de
points de chute.

Les frères Baldelli étaient partis rejoindre de vagues
parents qui habitaient Bâle, et leur maison, à Saint-
Antoine, était devenue lieu de refuge pour deux
couples, l'un espagnol, l'autre italien. Il y avait de la
place, il y restait de la vaisselle et des casseroles. Le coin
était facilement accessible et pouvait très naturellement

être considéré comme lieu de balade. Mario avancerait l'argent pour les victuailles et une collecte serait faite sur place pour le rembourser.

*

* *

« C'est vrai que c'est le moment de filer et que demain, dans une semaine ou quinze jours, il sera sans doute trop tard. Encore Parrain peut-il passer inaperçu, avec sa gueule de communiant, ses fringues à peu près convenables. Mon accent, ma taille, ma bouille sont autant d'ennemis pour le passage des frontières. Pris ici ou pris ailleurs, autant rester et prêter la main aux traînards et aux déchards. »

Sans compter, et c'est l'essentiel inavouable, que Mario attend – bien qu'il lutte pour ne pas trop y croire après avoir tant travaillé pour que cela soit – une lettre, un câble, un titre dans la presse, un indice quelconque ou un énorme hurlement populaire qui mettrait un point final à l'ultime illusion, à la dernière tentative. En bien ou en mal. Mais qu'il n'ait plus à se tuer de boulot pour user le temps, qu'il sache enfin si l'attentat est bien monté, si tous les fils ont pu être reliés, s'il a été raté ou s'il va réussir, ou du moins être tenté.

Ce que Lucetti, et Sbardellotto, et Schirru ont loupé[1], il est encore possible de le faire. Tant d'éléments

---

[1]. Allusion à une série d'attentats manqués contre Mussolini. Le premier eut lieu le 11 septembre 1926 à Rome, sous l'impulsion de Gino Lucetti (1900-1943), qui sera condamné à trente ans de prison – ses

patiemment tâtés, convaincus, placés, vérifiés, mis en
chaîne, avec des contretemps, des lâchages, des rendez-
vous manqués, des promesses non tenues, des mandats
qui n'arrivent pas, et les jours et les mois qui filent.
Mais maintenant, c'est mûr, avant que ce ne soit
pourri. Le capitaine retraité est vissé à sa fenêtre, à
Riccione [1], insoupçonnable tant il est politiquement
incolore, tout orné de décorations de la guerre 1915-
1918 [II]; et sous cette fenêtre le Duce passera imman-
quablement, comme il y passe chaque fois qu'il se rend
dans sa ville natale. Un fusil mitrailleur et deux paquets
de dynamite, ficelés et dotés d'un bon compassement
par un ingénieur des mines…

Rien ne serait changé sans doute dans la marche de
l'Europe vers la guerre et la dictature, mais une blessure

---

complices Leandro Sorio et Stefano Vatteroni en prendront vingt.
C'est à la suite de cette affaire que la peine de mort fut rétablie en
Italie. Le deuxième projet d'attentat fut orchestré par l'anarchiste
Angelo Sbardellotto (1907-1932), arrêté à Rome en juin 1932 sous
une fausse identité et écroué suite à la découverte d'armes et d'ex-
plosifs à son domicile. Après une instruction rapide, Sbardellotto sera
condamné à mort par le Tribunal spécial pour avoir eu l'intention d'at-
tenter à la vie du dictateur. Il sera exécuté dans la foulée le 17 juin. La
dernière tentative est due à Michele Schirru (1899-1931), un militant
anarchiste et antifasciste italo-américain, qui s'est rendu en Italie en
1931, muni de deux bombes. Il sera arrêté le 3 février de la même
année, dans une chambre d'hôtel de Rome, avant même d'avoir pu
commettre son attentat. Jugé le 28 mai 1931 par le Tribunal spécial,
il est déclaré coupable, condamné à mort et fusillé le 29 mai 1931.

I. Station balnéaire de la côte adriatique italienne où se trouvait la villa
d'été de Benito Mussolini.

II. Rappelons que l'Italie entra en guerre contre l'Autriche le 23 mai
1915, suite aux garanties d'expansion territoriale des Alliés (recon-
naissance du Trentin jusqu'au Brenner, Trieste, Istrie, etc.).

serait ouverte au flanc italien et des milliers d'isolés
retrouveraient le sens de leur destin. Tout ne serait pas
entièrement mécanique, absurde et vain. Il y aurait
enfin une intervention évidente, publique, impossible à taire, de ceux qui sont voués à la vie de terrier,
à la dépendance.

*

* *

Ils sont bien quarante, arrivés par les sentiers, entrés
par la cour après un même coup d'œil aux alentours,
prêts à poursuivre leur promenade dominicale s'ils
avaient reniflé l'embuscade ou l'encerclement.
Heureusement, le pavillon est bien situé, planté sur
une élévation, avec des arbres éparpillés sur l'arrière.
En contrebas, à deux cents mètres, des travaux de ter-
rassement : un abri de protection anti-aérienne va être
construit. La cuisine fonctionne déjà, avec trois
femmes et deux hommes dont l'un est un gros
Portugais qui fut « communard » dans les batteries de
paquebots. Des poulets fristouillent et un seau de
pommes de terre épluchées attend l'heure.

Les femmes sont à leur affaire. Maria, qui a plaqué
son village natal d'Andalousie, il y a bien trente ans de
cela, pour échapper à tous les carcans qui étouffaient
sa jeunesse, et qui a trouvé dans le mouvement toutes
les libertés auxquelles elle aspirait, et aussi tous les
drames d'une vie errante, aux côtés d'un militant catalan d'abord, tué le jour même du soulèvement militaire de Barcelone, et maintenant d'un autre activiste,

aragonais celui-là, sombre de rage impuissante depuis la défaite. Elena, sicilienne, qui a suivi le père en émigration et dont le corps encore jeune est marqué par la longue fatigue des besognes dures, des logis sans air et des incessants voyages provoqués par les mesures de refoulement et d'expulsion. Margot enfin, une Française sèche et nerveuse, à qui on ne connaît pas d'homme, mais qui, dans les groupes de Marseille, a sans cesse été la confidente et la consolatrice des déçus et des désespérés.

Entre le Portugais qui ne cesse de plaisanter et l'Aragonais qui tente d'oublier ses rancœurs en s'affairant autour des fourneaux les trois femmes se devinent également contentes de jouer en cette journée le rôle qu'elles avaient délibérément rejeté, celui de l'épouse au foyer. Elles servent une famille.

La plupart des présents se connaissent personnellement, de nom ou de réputation. Il y a les petits Français insoumis, Frédéric, le commis de magasin, des Italiens volubiles, deux Espagnols que Mario a pu « récupérer » alors qu'ils marchaient déjà dans la colonne qui montait au fort Saint-Jean, un Péruvien aux cheveux d'un noir de jais, plus un contingent d'éléments aux nationalités indéfinissables, aux accents inclassables, parlant un français appris sur les chantiers peuplés de Catalans, de Génois ou de Polonais. La plupart sont sortis d'Espagne lors de la débâcle. Certains d'entre eux étaient encore dans un camp il y a quelques semaines.

Dès les premières paroles, le thème jaillit : les papiers, les cartes d'identité, les livrets, les passeports, les visas.

Une sorte d'angoisse gouailleuse pour traiter de ces documents dont dépend le droit de vivre, de marcher, de respirer. Un seul possède un passeport en règle – « avec un vrai visa ! » s'extasieront ceux qui examinent la pièce avec respect – c'est le Péruvien.

— Mais qu'est-ce que tu fous ici, alors, si tu as des fafs en règle ? s'étonne Frédéric, un long et maigre corps, strictement vêtu de noir, surmonté d'une tête en lame de couteau aux brusques mouvements d'oiseau.

Le Péruvien s'excuse :

— L'ambiance des copains me plaît. Ça a commencé en Espagne et ça continue ici, malgré les… ennuis. Je partirai quand vraiment ce ne sera plus possible de tenir. Tu sais, à Lima, avec Benavides [1], ce n'est pas marrant non plus.

Les autres essaient de comprendre, secouent la tête. C'est un cas désespéré d'entêtement.

Rinaldi, qui a un visage de chanteur d'opéra, avec une tignasse léonine, avoue qu'il porte dans son portefeuille des papiers qu'il ne pourrait en aucun cas présenter à la police. « Mais cela me donne une certaine assurance pour moi-même, pour continuer à circuler. » Personne ne rit.

Il y a aussi des passeports Nansen [2], un peu blanchis par le corrector ou jaunis par un coup de fer trop chaud.

---

[1]. Óscar R. Benavides (1876-1945) fut président du Pérou entre 1914 et 1915, puis de 1933 à 1939.

[2]. Ce « passeport » permettant aux réfugiés de voyager doit son nom à l'explorateur et prix Nobel norvégien Fridtjof Nansen (1861-1930), qui organisa le rapatriement des prisonniers de guerre pour la Société

Puis des cartes d'identité pour étrangers, toujours usées aux plis et dont les tampons à l'encre violette ont parfois des lettres imprécises.

— De toute façon, dit l'un des Espagnols, à moins d'avoir des papiers signés par le ministre le matin même, tu n'as plus que le choix entre la Légion, pour aller défendre la démocratie en Indochine, ou le camp, pour savourer cette même démocratie en territoire français. Tu sors du camp après dix combines patiemment échafaudées, à l'occasion d'une corvée, ou parce qu'un camarade ou un parent a pu te faire monter en douce dans une bagnole, et deux jours après tu te retrouves dans un autre camp parce que tu as mis le nez dehors. Nous sommes des criminels parce que nous avons tenu trois ans contre Franco. On verra combien de temps ils tiendront eux, contre Hitler, quand le dingue à croix gammée décidera de se mettre en route.

— Pourtant, hasarde Rinaldi, j'aurais un tel plaisir à piloter un zinc pour aller placer quelques bombes sur la gueule de mes bons compatriotes fascistes.

— Engage-toi alors, si tu crois que tes envies de revanche pourraient se soulager à la Légion ! C'est un des petits « déserts » qui a réagi.

L'Italien secoue sa grosse tête :

---

des Nations, puis l'aide alimentaire à la Russie en 1921, avant de mettre au point un certificat d'identité dotant le million de réfugiés, en majorité russe, d'un statut juridique et légal. Reconnu par cinquante-quatre pays, le passeport Nansen leur permettait de voyager et de trouver un pays d'accueil.

— Non. Tu ne comprends pas. Je n'ai pas d'illusion sur les sentiments qui animent le gouvernement français. La preuve, c'est que tu me vois ici. Mais un coup porté à Mussolini me paraît utile, quel que soit celui qui le porte.

— En attendant, pour remettre les choses à leur place, ce sont les antifascistes comme nous, et connus comme tels, qui sommes poursuivis, mis en prison ou expulsés. S'il fallait une preuve de plus pour en être sûr, la chasse aux militants qui n'ont jamais cessé le combat montre que cette guerre n'est pas la nôtre. C'est comme ça, même si tu cherches à régler un compte personnel ou si tu ne vois pas comment agir en ce moment. Il y a des périodes où l'on ne peut rien, sauf ne pas perdre la tête.

Après cette mise en garde de Mario, les discussions bifurquent. Un petit groupe d'Espagnols, déjà las des querelles de l'émigration, a repassé la frontière. Ils préfèrent risquer le paquet en territoire ibérique plutôt que de s'enliser dans le marécage des groupes, fractions et clans. Des jeunes Français sont aussi passés en Espagne, et ils se sont fait prendre. Le plus étonnant pour eux, au camp où ils furent internés, a été de se faire engueuler par des républicains espagnols, et même des cénétistes, parce qu'ils fuyaient le combat contre Hitler.

Rinaldi voudrait dire quelque chose, reprendre son argumentation, mais les plats arrivent. La joie explose. Les poulets ont été dressés sur un grand couvercle de lessiveuse que portent deux des cuisinières. « *Come una santa lo portano* », dit un des Ritals.

Pas assez d'assiettes, ni de couverts, mais les doigts s'affairent et des carrés de carton sont prestement découpés. La sainte bouffe reconstitue la communauté des idéalistes déchirés. Confusément, ils sentent que c'est là leur dernier rassemblement, avant l'éclatement, avant le voyage dans les ténèbres. Du moins, une fois encore, ils se seront sentis fraternels.

— Baissez d'un ton, on vous entend de la route, avertit le Portugais qui vient d'aller faire un tour au-dehors.

— D'ailleurs, annonce Frédéric, tout en se poussant une frite trop longue dans la bouche, j'ai une proposition à vous faire qui demande un minimum d'attention et de discrétion.

La mastication reprend, mais les voix se taisent.

— Voilà, reprend le calicot. Quand on a retraversé la frontière, en mars, avec un groupe de la compagnie de la Côte, on a planqué un certain nombre de flingues et de fusils-mitrailleurs, et pas mal de cartouches. Je peux retrouver l'endroit. Si le coin n'est pas trop pourri de flics et si un paquet de copains demeure définitivement bloqué à Marseille, on pourrait envisager la possibilité de monter un maquis.

Un silence, sauf quelques borborygmes, des verres qui s'entrechoquent, un claquement de langue. Tentante, la perspective. Mais dans quelles conditions, sur la base de quels éléments l'opération pourrait-elle dépasser l'évocation ? Les questions viennent, l'une après l'autre. La zone frontière doit être quadrillée par les mobiles et les gendarmes. L'hiver est là et ce sera en montagne. Des armes, parfait ! Mais la bouffe ?

En dépouillant tous les présents, on ne réunirait pas dix mille francs.

— Tout doux, tout doux, se défend Frédéric. Je ne monte pas un spectacle. Je vous dis seulement que je sais où sont les armes ; deuxio, que ceux qui ne pourront pas filer seront peut-être contents de s'en rapprocher. Demain, j'irai voir si le matériel est toujours là et comment se présente la zone en ce moment question surveillance, approche, flotte et ravitaillement. Pas d'objection ?

Pas d'objection. C'est le camembert poussé par les derniers morceaux de pain qui retient l'attention la plus immédiate.

Des petits groupes se forment, des isolés circulent. C'est le moment où se transmettent les tuyaux, les adresses de confiance, parfois des listes où figurent des indications personnelles : Galvez, à San José de Costa Rica. (Ne pas lui parler de son ancienne compagne demeurée à Toulouse…)

— Il reste quelque chose de l'organisation à Paris ? demande un Polonais. Dufour est encore là ?

— Dufour n'est plus là. Ni ailleurs…

— Les gars, si vous voulez éviter le couvre-feu et rejoindre vos crèches avant que la nuit tombe, il faut prendre la route. On chanterait bien l'Internationale, mais elle n'est pas faite pour être murmurée. Alors : merde à tous.

*

* *

L'homme est au comptoir. Il ressemble à un employé de banque et boit proprement son pastis. Mario l'a déjà vu. Dans le quartier ? Ici même peut-être, comme client ?

Le voilà qui se retourne, le verre à la main, et qui s'approche de Mario, lequel avale son dernier touillis de pâtes. Un flic peut-être, mais un flic seul n'est pas là pour une arrestation. La bouchée passe.

— Monsieur Mario, je vous connais depuis long-temps et je sais que je puis vous parler en toute confiance…

— Euh…

— Je ne suis pas policier. Du moins, pas du genre que vous craignez. Disons que les services auxquels je suis attaché ne sont pas français.

— Mm…

— Donc je ne puis ni ne veux vous nuire. Il me serait même possible de vous aider. Vous n'êtes pas sans vous douter que vous êtes surveillé par la police française et que le jour ne tardera pas où vous serez prié d'accompagner des inspecteurs à la Préfecture. Vous n'en sortirez plus, sinon pour aller en prison, ou dans un camp.

— Où voulez-vous en venir ?

— À ceci : j'ai, que vous le croyiez ou non, beaucoup de sympathie pour vous. Cela, sur un plan strictement personnel. Mais il s'y ajoute le fait que le régime contre lequel vous avez toujours lutté doit, dans la logique des événements prévisibles, devenir l'ennemi ouvert, déclaré du pays pour lequel je travaille. C'est clair ?

— Si je comprends bien, vous appartenez aux services anglais ?

— Admettons. J'ajouterai que j'ai, disons, des relations cordiales, non pas avec la police française mais avec des policiers français. Je peux vous dire, sans m'avancer, que je me trouve en position de pouvoir vous garantir contre une arrestation, du moins dans les circonstances présentes. Pas plus que vous, je ne sais de quoi demain sera fait…

— En échange de quoi cette… protection ?

— Rien qui puisse vous gêner, ni gêner vos activités. Vous recevez certaines lettres d'Italie. Je vous demande seulement de les lire après vous, devant vous, rien d'autre.

— Je ne reçois pas de lettres d'Italie.

— Allons, Monsieur Mario. Elles ne vous parviennent pas par la poste, ni directement, car dans ce cas, pour vous parler franchement, je n'aurais pas besoin de votre accord. Je ne vous demande pas comment, ni par quels intermédiaires vous les recevez. Ce qui m'intéresse, ce sont les nouvelles d'Italie qu'elles contiennent. Et je puis vous garantir que ces informations ne serviront pas à défendre le régime mussolinien, bien au contraire.

— Je ne reçois pas de lettres d'Italie.

— Dommage, Monsieur Mario. Vous êtes, malgré les apparences, déjà en cellule. Je suis le seul à vous proposer, pour des raisons qui ne sont pas les vôtres mais qui ne vont nullement à l'encontre de votre intérêt ni de votre cause, de vous laisser une porte entrouverte. C'est votre droit de refuser. Je vous dirai même

que je vous comprends. Mais vous jouez perdant alors
que c'est inutile.

L'homme est retourné au comptoir, pousse sa monnaie vers Antonio, le maximaliste, sort après un dernier
salut. Mario rote. La dernière bouchée n'était pas tout
à fait passée. Puis jaillit une longue litanie de jurons
romagnols, tellement longue qu'il finit par en rire.

*

* *

À l'aube, dans le quartier des savonneries où serpentent
les files d'Indochinois et de Nord-Africains, silhouettes
recroquevillées pour offrir le moins de surface possible
au froid, grelottant sous la mince toile bleue délavée,
le petit casse-croûte enveloppé dans du papier sous le
bras, Parrain attend de voir passer deux membres de
l'ancienne « Jeunesse » qui continuent à travailler dans
les équipes du matin bien qu'ils aient dû rejoindre leurs
corps depuis trois jours. Ils attendent la paie pour filer,
logent chez un contremaître qui est sympathisant et les
préviendrait au cas où des renseignements sur leur
compte seraient demandés à la fabrique.

Il règne une puanteur froide qu'exhalent les longs
murs de briques dans lesquels s'ouvrent des sortes de
dégueuloirs ronds. De la brume rôde et les bouches
d'égout soufflent des vapeurs. Tout est crasse triste.

Ils arrivent à petits pas rapides, les mains dans les
poches, le mégot aux lèvres, les yeux fureteurs.

— Pas encore parti ? demande Marcel, le plus jeune.

— Pas encore. Cette semaine peut-être.

— Alors, nous ferons peut-être le voyage ensemble… Encore que nous, on viserait plutôt la
planque du côté du Sud-Ouest, dans une ferme. Pour
l'instant – je suppose que tu es venu aux nouvelles –
ça tombe comme des mouches. Chaumont est mort à
la Santé, d'un phlegmon à la gorge mal soigné. Il était
costaud comme pas un. Sans doute le meilleur militant des terrassiers parisiens. C'est d'autant plus bête
qu'il ne lui restait que deux mois à tirer. Guillot s'est
fait alpaguer. Son taulier l'a donné. Saca est tombé,
l'idiot, sur un mobile de Lyon qui le connaissait. Il est
bon pour cinq ans. Les quatre Allemands d'Endoume
ont été raflés, sans doute parce qu'ils ne savaient plus
où aller crécher. Voilà. Si, une chose encore : Fernand
possède dix cartes d'identité, nickel. Tâche de le voir
à son bureau. Tu as une chance de les obtenir si tu es
capable de le convaincre que tu suis les règles sacrées
du trotskisme pour le passage à la clandestinité. Un vrai
bidon qui n'a eu pour résultat que de le laisser orphe-
lin pour toute la région. On te laisse, c'est pas le
moment de passer la grille en retard.

*

* *

— Non, les copains allemands n'ont pas été raflés tous
les quatre. Avant-hier soir, ils ont discuté longuement
et ont finalement décidé de se livrer. Ils ne voyaient
plus d'issue. Le grand Hans a parlé de faire un coup,
dans un bureau de poste. Les autres n'ont pas voulu
parce que ça l'aurait foutu mal pour l'opinion. Tu vois

d'ici les titres : « Des Chleuhs anarchistes ! » Au matin,
ils ont trouvé Hans pendu. Ils sont en route pour
Rieucros, avec les menottes. On les a vus à la gare.
Putain de vie, conclut Mario. Ils en ont bavé avec les
nazis, se sont fait entuber par les Nacos[1], et nous
n'avons pas été foutus de les sauver ou d'être assez près
d'eux pour les faire tenir.

Ils sont à l'école, Parrain, Mario et trois jeunes
insoumis, dans la cuisine de la directrice.

— Tu aurais pu me les amener, dit Huguette.

— Non. Tu en as quatre déjà, et trop voyants. Plus,
ce serait brûler le coin.

Huguette est solidement charpentée. La cinquantaine, de robustes appétits encore, mais tempérés par
une sorte de tendresse maternelle pour les jeunes.

— Ils t'aident, au moins ? La vaisselle ?

Elle rit.

— C'est pas un boulot d'homme, renâcle un des
jeunes, qui doit peser quarante kilos et dont la tête
n'arrive pas aux épaules de l'hôtesse.

La bourse aux nouvelles reprend : « André est à
Bruxelles. Beppe est arrivé à Cuba. Le Centre d'aide
aux réfugiés espagnols élimine des listes d'embarquement tous les militants du mouvement. Barrientos est
monté de Bordeaux à Paris, après avoir protesté par
lettre. Il a descendu le responsable coco, puis s'est mis

---

1. Acronyme de Nationaux communistes et surnom donné par les
anarchistes de la fin des années 1930 aux militants staliniens. Lire
« Qui étaient les Nacos ? », <http://increvablesanarchistes.org/
articles/1945_68/47nacos_malakof.htm>.

une balle dans la tête. Ça ne servira de toute façon à
rien, mais ça montre que nous ne sommes pas bons
pour le knout. »

— On en est là. Aux gestes plutôt qu'à l'action.
C'est un des petits « déserts » qui râle.

— Dis pas de bêtises. Ce geste-là entretiendra la
mémoire. Pour le reste, liste ou pas liste, il y a assez de
cénétistes dans l'équipage pour que des embarquements
extras soient possibles.

Pour la première fois, Mario semble hésitant. Ce ne
sont pas les coups durs qui l'ont ébranlé, du moins pas
ceux qui s'additionnent depuis des semaines. Mais ce
matin un billet est venu tuer l'espoir tenace : le Duce
n'ira pas à Riccione. C'est un rendez-vous annulé qui
a permis à l'informateur d'être affirmatif.

Cela ne change rien à ce qui se passe ici, cela n'épais-
sit ni ne clarifie la mélasse dans laquelle chacun se
débat. Cela fait seulement une blessure de plus qui
mettra du temps à se refermer.

— Je pars demain, dit Parrain. Avant, j'irai soutirer
les cartes au trotskard et je te les passerai.

— Tu en conserveras une ?

— Non. Suisse jusqu'en Belgique. À Anvers j'irai
voir mon consul, s'il en reste un. C'est une vague
connaissance. Radical, franc-maç. Possible qu'il soit
compréhensif. De toute façon, le Chili sera neutre,
jusqu'à la victoire.

— Si tu as besoin d'un artiste en lettres, va voir
Scipione de ma part. Il est dans le fric-frac, perdu
pour nous, mais il ne refusera pas un service. Tu peux
le toucher par Martin.

— Tu n'attends pas le retour de Frédéric ? demande un des jeunes.

— Frédéric est rentré. La ferraille est toujours là. On l'utilisera peut-être un jour, mais pour l'instant il y a un peloton de mobiles à proximité du lot. Et ils ne sont pas près de s'en aller puisqu'on leur construit des baraquements en demi-dur.

Chapitre deux

En route, octobre 1939

L E TRAIN EST BONDÉ. Les couloirs sont encombrés de gens et de valises. Parrain trouve une encoignure et s'installe, les coudes sur la barre d'appui, le front contre la vitre. La mallette plate de carton ne prend guère de place sur le rebord de la rampe de chauffage. Ainsi, on peut dormir, rêvasser, discuter avec soi-même. Avec le brusque tonnerre d'un train qui vient en sens inverse, le tangage tapageur des croisements, les arrêts de lumière, puis le rythme d'évasion des kilomètres. Le voyage hors temps, le dos tourné aux autres voyageurs qui passent et repassent, frôlent ou bousculent, parlent ou ronflent dans les compartiments voisins, avec de soudaines bouffées de bruit quand glisse une porte.

Cette montée vers le Nord, est-ce une fuite ? En tout cas une façon de se désengluer d'une situation où la mobilité individuelle devient impossible, où l'on sent que les machines de répression fonctionnent à plein et que leurs coups aveugles finiront par toucher et briser. De la peur alors ? Sans doute, puisqu'il n'y a plus de possibilité de calculer le danger, donc de prendre une décision. De la fatigue ? Non. Au physique, ça va. Toujours capable de faire deux repas de suite ou de rester quarante-huit heures sans manger et sans dormir. Le moral n'est pas atteint non plus. Il y aurait même un amer orgueil de la lucidité désespérée, dans un monde qui court à l'abîme en chantant d'absurdes refrains. Minoritaires au troisième ou quatrième degré, se refusant même à être dupes de leur propre mouvement, cherchant désespérément comme une goulée d'air pur, la chaleur de la vie quotidienne entre copains, et la clairvoyance. Solidaire, mais pas dans le mensonge ou la duperie. Pas facile. Trop exigeant. Et parfois tu ne peux même pas être aussi régulier, aussi simple que tu l'exiges ou l'attends des autres.

Dormir. Les jambes sont chaudes de fatigue maintenant. Le groupe de mobilisés monté à Valence et qui chahutait à l'autre bout du wagon s'est calmé, alourdi par le gros rouge.

Deutschland erwache. Prolétariat réveille-toi. C'est le nationalisme qui est réveillé. Pas de classe ouvrière. Ça ne durera pas toujours, mais en attendant ? Suivre, du dedans, la montée des catastrophes, ou l'observer du dehors ? Ne feins pas l'indécision, Parrain, tu as choisi déjà. Tu te tires. Ou du moins tu vas essayer de te tirer. Ta proposition à Mario n'était-elle pas un peu trucarde ? S'il était venu, tu te sentirais sans doute moins déserteur. Mais lui est resté, dans la mouscaille, et sachant qu'il ne tarderait pas à tomber.

La discussion avec Fernand s'est déroulée comme d'habitude, à la limite du cynisme verbal, de l'agressivité polémique, de la sympathie personnelle.

— Tu n'as pas conservé un exemplaire de la brochure *Hitler est le Wrangel de l'Europe*, trouduc ? Vous avez bonne mine avec vos comparaisons historiques à la noix, quand Hitler et Staline s'embrassent le lendemain même, vous trotskards, toujours marmonnant vos incantations bolcheviques, toujours cherchant dans le passé de quoi ne pas voir le présent.

— Nous du moins, nous cherchons à comprendre, nous cherchons le fil conducteur des événements. Chercher, c'est se tromper et recommencer. Ne fais pas le mariolle, après toutes les conneries que vous avez faites en Espagne. Courageux, oui, mais connards ! Des anars ministres ! Si encore vous aviez pris l'Intérieur et les Finances, les Affaires étrangères et la Guerre… Mais ils vous ont refilé la Santé et la Justice, autant dire le plumeau et la serpillière. Avoue qu'un peu d'analyse marxiste et un rien d'expérience politique vous auraient fait du bien.

— Te fatigue pas. Tu sais que je n'ai jamais marché dans la combine de la collaboration. Tu sais aussi que ce qui a été réalisé n'a pas été le travail des ministères, mais celui des syndiqués dans les usines, des paysans dans les communautés, de tous dans les milices. Si une leçon peut être tirée de l'expérience, elle ne va pas dans le sens de la création d'un parti d'avant-garde, mais d'une méfiance plus nette si possible envers toute élite désignée par elle-même.

— Vite dit, vite escamoté le problème. Le fait est là : vous étiez le mouvement révolutionnaire, et vous avez perdu la guerre, et vous avez perdu la révolution.

Parrain allait répondre, mais il sentit, autant que son interlocuteur, que cette discussion n'était plus qu'une répétition mécanique d'arguments ou d'affirmations. Deux roquets aboyant.

— On en reparlera. Au fait, tu ferais bien de te débarrasser de tes cartes d'identité avant qu'elles ne moisissent, en attendant la reconstruction de ton grand parti sans tache, et sans tâches. Je suppose que les glorieux chefs se sont taillés ?

— Pierre est à l'abri, avec deux ou trois militants trop marqués. Pour le reste, les copains ont rejoint leurs corps et restent en liaison… Enfin, autant que faire se peut. Il faut que nous soyons là quand ça commencera à bouger.

— Et toi ?

— Oh… moi, j'ai un souffle au cœur et une réforme blindée.

— Veinard ! Avec ça, si tu vas en taule, ce qui est dans la logique des choses, tu peux espérer l'infirmerie. Alors, ces cartes ?

— Tu… Vous en aurez cinq. Le reste est une réserve pour le parti. Rigole pas. Même si ce parti est aujourd'hui un fantôme, les événements se chargeront de lui donner chair et nerfs.

— Ouais… Pour l'instant, nous sommes deux pauvres cloches. Ça va pas être du nougat.

Ils se serrèrent la main et se quittèrent vite, pour éviter l'attendrissement. Non sans échanger une ultime vacherie :

— Compte pas trop sur l'interprétation des textes de Trotski pour remonter une cellule.

— Ni toi sur Bakounine pour trouver un bateau.

Bientôt ce serait Paris. Pas question de s'y arrêter. D'une gare à l'autre. Faire la tournée des adresses sûres, pour se bourrer de problèmes auxquels il ne pouvait de toute manière offrir la moindre solution ? Retrouver, en plus veule, ce qu'il avait connu dans la Ruhr, en 1933, quand les bottes des SA et des Casques d'acier [1] résonnaient dans le grand vide des mouvements ouvriers, avec quelques rares enragés cherchant à sauver une machine à écrire, une rame de papier, un pistolet ? Revoir quelques amies qui pleureraient entre deux trains ?

Dormir. Récupérer au maximum pour être en forme, ne pas attirer l'attention. Un discours scandé par le jeu des traverses et des rails s'ébauche. Il serait bon de pouvoir s'adresser à un vaste auditoire, de lui lancer ces phrases qui touchent. Une sorte d'ivresse se dégage des mots rêvés et du galop du train, avec de brèves lueurs qui percent les paupières.

Un long freinage. Arrêt. L'aube brouille les dernières lumières. Les valises sont arrachées des filets. Les

---

1. Le Casque d'acier (Stahlhelm) est une organisation paramilitaire fondée en 1918 par d'anciens combattants allemands nationalistes opposés à la République de Weimar.

mobilisés toussent et crachent leurs brins de tabac, leur bile et leurs remontées de vinasse. Une longue glissade et voilà les quais de la gare.

Deux gendarmes près de la sortie. Pas de filtrage apparent. Allons, cigarette, sourire et allure dégagée. Pas de taxi, trop cher. Métro jusqu'à la gare du Nord. Deux heures d'attente. Les trains s'arrêtent à la frontière belge, mais il y a un transbordement. Donc un contrôle. De l'imagination : une affaire d'héritage à régler à Bruxelles. La même qu'à Marseille. Ne pas trop fumer pour éviter l'énervement.

Peu de monde dans le train. Un sentiment de solitude. À Feignies, c'est le terminus et le barrage de police.

— C'est tout ce que vous avez comme papiers ? Pas de passeport ? D'accord, la carte suffit, mais ce n'est pas un temps pour se promener… Oh ! et puis, allez-y si vous y tenez à votre embrouille de famille. Vous serez bien le dernier.

Le vieux wagon belge, à banquettes de bois verni, aux odeurs de poussière humide et de sueurs refroidies, quel délice ! Le grand *steeple* a commencé. Et la Belgique n'est pas encore en guerre.

Chapitre trois

Bruxelles, octobre 1939

Martin n'a pas changé. Un peu plus épais sans doute. Le même regard vague et doux, la même tignasse noire taillée à l'artiste. Et toujours évoluant entre des murs de livres. Une librairie labyrinthe.

— Méfie-toi de ma boutique. C'est ici que tout le monde rapplique, sauf les clients. Il y a en face, à la brasserie, deux inspecteurs qui ne perdent pas de vue la porte d'entrée. Ils doivent avoir l'estomac détraqué par les cafés filtres… Ici, c'est la peur qui fait agir les autorités. Elles espèrent échapper à la guerre en se faisant aussi incolores que possible pour éviter tout prétexte à intervention. C'est pourquoi on rafle les suspects. Ils donnent ainsi la preuve qu'ils ont le pays bien en main. Deux camps sont déjà ouverts. Ils ne livrent pas encore les Allemands à Hitler et ils ne sont plus en mesure, comme autrefois, de refouler les étrangers vers la frontière française ou hollandaise.

Pas d'illusion pourtant : la moindre pression de Berlin suffira pour qu'ils remettent les réfugiés entre les mains de la police allemande. Ils ne veulent pas d'histoires. Pour l'heure, leur conseil est simple : si vous êtes sans documents, rendez-vous à la police belge, adressez-vous à n'importe quel commissariat et vous serez interné, ce qui est une garantie.

— Les planques ?

— Pas facile. Il y a trop de monde. Du monde qui se fait repérer. Il n'est pas donné à beaucoup de se faire passer pour Belge. Les copains du Bâtiment ont arrangé un refuge près de Namur, pour quelques dizaines d'Italiens et d'Espagnols, dans un chantier avec baraquements. À Bruxelles, il faut tenir compte de la vigilance des agents de série qui connaissent un par un les habitants de leur secteur. Seules les maisons à locataire unique sont bonnes ; et celles qui sont occupées par des amis sûrs sont rares. Ernest a un étage plein. Quelques gars du Livre logent des sans-fafs dans des maisons un peu éloignées. Ce qui est plus noir, c'est qu'on ne voit pas de solution à longue échéance. Les papiers deviennent difficiles à trouver. L'argent fond et ne se renouvelle plus. Pas besoin de te faire un dessin. Il y a quelques coups en préparation, mais feutrés.

Pas question de s'enkyster. Pourtant, la ville conti-nue de vivre sans angoisse apparente. Les brasseries nettes, avec une fine sciure de bois répandue sur le sol, débitent des bières de toutes teintes à des consommateurs taciturnes et peu pressés. La rue Sainte-Catherine aligne ses dizaines d'étals de viandes rouges, des vendeurs assortis criant commandes et prix, balançant les rôtis et les tranches de bœuf par-dessus la tête des clients. Les charcuteries débordent de hures et de pâtés, de chapelets de saucisses et de cervelas luisants. Les magasins de tabac sont toujours imprégnés des riches odeurs de Sumatra, de Havane, de Ténériffe.

Et ces ouvriers à face dure, d'allure britannique avec leur trench-coat délavé et leur casquette plate, pâles de peau mais vifs et musclés, ne paraissent pas inquiets. Non plus que les marchandes à panier enveloppées dans leurs grands châles de laine, leurs larges jupes sombres qui font ressortir les blancs tabliers et qui, aux carrefours, vendent des noix par douzaines ou, face aux estaminets, des escargots de mer.

Tout semble tranquille. Même les copains belges n'ont pas l'air de vouloir bouger. De toute la tribu, pourtant bien disparate, qui compte des syndicalistes et des individualistes, des ouvriers, des artisans et quelques rares professionnels, il n'y a que Danton, un employé de banque, qui songe à faire la malle. Même Jean, l'ébéno, que Parrain va voir en premier lieu, est décidé à rester, lui qui a toujours manifesté un net esprit d'aventure.

Dans son pavillon à étage, situé en retrait d'une large chaussée qui mène vers le Nord, il est occupé à murer soigneusement une cache d'armes, après avoir graissé chaque cartouche, huilé chaque mécanisme. Ce sont quelques fusils et quelques pistolets ramenés de la zone frontière, là où fonctionnaient les groupes de mineurs de langue allemande et qui, maintenant, ne peuvent espérer conserver ce matériel à l'abri des perquisitions.

— Nous ne pourrons rester en dehors du conflit. Spaak[1] se fait des illusions et le roi davantage. L'Europe sera hitlérienne, au moins pour un bon bout de temps. Il faut prévoir.

Il dit cela très calmement, avec son accent rocailleux de flamand. Jean est un des meilleurs ouvriers dans sa spécialité ; il taille des Vierges dans le bois, crée et fignole des meubles de lignes sobres et qui, par leur solidité, paraissent voués à l'éternité. Il pense comme il travaille, consciencieusement. Il organise ou se bat de même. Bon tireur. Il attend les catastrophes sur place.

Non, il n'a pas de points d'appui sûrs à Anvers, pas au port du moins.

— Si c'était pour passer en Hollande, ce serait facile. Pour les navires, c'est un autre monde. Vois les responsables des Transports, mais par pure routine. Ils se barricaderont derrière les règlements syndicaux

---

1. Paul Henri Spaak (1899-1972) devient avocat en 1921 après des études de droit à l'Université libre de Bruxelles et adhère au Parti ouvrier belge. Il assure notamment la défense du militant anarcho-syndicaliste Nicolas Lazarévitch lors de ses nombreux démêlés avec la justice belge et se retrouve sur le devant la scène en 1930 lors de l'affaire De Rosa, un antifasciste qui avait tiré sur le prince héritier d'Italie. Devenu député de Bruxelles en 1932, puis ministre des Transports et des PTT en 1935 dans le gouvernement d'Union nationale du catholique Van Zeeland, il est nommé ministre des Affaires étrangères en 1936, prônant, à la suite du roi Léopold III, une politique de stricte neutralité dans un contexte international de plus en plus menaçant. Premier socialiste à occuper le poste de Premier ministre de mai 1938 à février 1939, il est ministre des Affaires étrangères durant la « drôle de guerre » tentant de maintenir la même politique de neutralité. Après l'attaque allemande du 10 mai 1940, il gagne la France, puis Londres où il participe à un gouvernement belge en exil.

ou les lois. Même Edo Fimmen [1] n'est pas parvenu à les faire bouger.

L'équipe se forme de façon quasi spontanée, par cooptations. Il y a Albert, bourlingueur déjà rassis qui, au sortir d'Espagne, n'a fait qu'un bond sur Bruxelles. Il a trouvé un passeport et un visa, puis un billet de navigation, pour sa compagne et sa fille. C'était son souci essentiel. Il peut maintenant penser à lui. Puis Bob la Boulange, que l'on soupçonne d'avoir emporté les économies de son patron à Montreuil, mais qui ne répond que par un vague sourire aux questions directes. Ce qu'il montre le plus souvent, c'est une coupure de *L'En dehors* [II], où il est question, en dix lignes, d'une colonie « libre » au Paraguay. C'est là qu'il veut aller. Comment ? C'est un détail à régler. Et encore Willy, un mineur de la Ruhr,

---

I. Syndicaliste hollandais, secrétaire général de l'International Transportworkers' Federation (ITF) de 1919 à 1942, Eduard C., dit Edo Fimmen (1881-1942), impulsa dans ce secteur une politique antiraciste, anticolonialiste, antifasciste et internationaliste. L'ITF a notamment assumé un rôle majeur dans la lutte contre le fascisme grâce à ses réseaux clandestins de cheminots et de marins.

II. Après avoir participé aux « Causeries populaires » de Libertad, Ernest Juin dit E. Armand (1872-1963) se fait le propagandiste de l'anarchisme individualiste en publiant de nombreux journaux où il prône l'amour libre, le naturisme et le refus des contraintes. *L'En dehors*, qu'il fonde en 1922, est l'un de ces périodiques, qui fait notamment de la propagande pour les « milieux de vie en commun et colonies libertaires ». Ainsi, Alexandre Pécard écrit-il du Paraguay : « J'habite sur une cordillère où jamais le facteur n'a passé, à 15 kilomètres d'Ipacarai, grand village où l'on peut s'approvisionner. [...] J'ai acheté pas mal de terrain : 43 hectares. C'est trop pour moi seul... Je voudrais bien être rejoint par quelques camarades bien trempés. » (*L'En dehors*, mars 1937, n° 304.)

qui parle un français tel que nul ne le comprend. L'avantage est de ne pas être pris pour un Allemand.

Avec Danton, le seul légal qui peut servir d'élément de contact avec les Belges officiels – malgré sa face de boxeur et ses cheveux roux qui le rendent plus suspect que quiconque – et Parrain, le groupe est complet. Dans son sillage, il y a quelques bons copains qui suivront éventuellement, mais qui ne peuvent être chargés d'aucun travail exigeant un minimum de présentation et de conversation. Comme Jurksa le Lithuanien, Bianchi, deux ou trois Espagnols encore, las de suivre les filières organisationnelles.

Ils ont discuté rapidement autour d'un « moules et frites », dans une cave gargote de la grand-place, puis se sont réparti le travail. Albert cherchera des fonds. À part quelques mandats envoyés par des camarades de France, surtout des femmes, les rentrées prévisibles sont nulles. Les Italiens de New York n'arrivent plus à cracher suffisamment pour répondre à des besoins immédiats et multipliés. Les gars emprisonnés ou dans les camps ont priorité. Les divers comités espagnols ne peuvent s'occuper que d'eux-mêmes. Il faudra donc, si le temps passe, trouver des ressources exceptionnelles. Albert sait un bijoutier qui trimballe sa marchandise en fin de semaine. Si l'affaire marche, deux polisseurs en diamant, serviables, évalueront le lot et le liquideront. Danton fera le tour des syndicats pour voir si une aide est possible, du côté marins et dockers, question embarquement et papiers. Bob et Willy inspecteront le port et les environs, chercheront le contact et les combines. Parrain s'occupera des passeports.

Chaque jour, à heures fixes, le magasin d'Ernest l'antiquaire servira de relais, sans que jamais il y ait plus d'un présent à la fois. Le mieux serait de trouver un embarquement en groupe, mais si l'occasion se présente individuellement, il ne faudra pas la perdre.

Voilà la Maison du Peuple, haute bâtisse qui domine et marque le quartier de la Chapelle. Au rez-de-chaussée, c'est un immense café où des tablées d'ouvriers et d'employés avalent bières et charcuteries. Des garçons égrènent un interminable chapelet de commandes, en marchant vers le comptoir long de dix mètres où verres et assiettes garnies sont déjà alignés.

Aux étages, ce sont les syndicats, les fédérations, les mutuelles, le parti, les Jeunesses, l'imposant appareil socialiste belge. En face, une autre forteresse alliée, celle des coopératives.

Dans le bureau de la Fédération du bâtiment, Jourdan tape du poing dans sa main ouverte. C'est le type même du responsable syndical belge, grand, haut en couleurs, bon vivant et bon type. Totalement impuissant devant ce chat de gouttière qui lui parle, en allemand, de solidarité internationale.

— Le Fonds Matteoti[1] t'a aidé trois mois, c'est tout ce que les statuts permettent. Il n'y a plus un sou en

---

1. Cet organisme d'aide et de solidarité internationales, créé par l'Internationale ouvrière socialiste, porte le nom du député socialiste italien Giacomo Matteoti, assassiné par les fascistes le 10 juin 1924. Lire Bruno Groppo, « Le Fonds Matteoti et l'action de solidarité de l'Internationale ouvrière socialiste (1926-1934) », *in* José Gotovitch et Anne Morelli (dir.), *Les Solidarités internationales. Histoire et perspectives*, Éditions Labor, Bruxelles, 2002, p. 79-86.

caisse. Même si je te file ma carte d'identité – et ce serait la quatrième perte que je devrais aller déclarer – tu ne pourrais pas tenir. Je t'assure, le mieux est de te livrer. La Centrale peut intervenir pour protéger les droits des réfugiés dans les camps, elle ne peut rien pour les centaines d'individus qui traînent sans papiers et sans argent.

L'Allemand est là, immobile, tendu. Ses frusques fripées avouent des sommeils à la belle étoile, des pluies mal séchées près des poêles de salles d'attente. Il est maigre. Il a les yeux brillants du fiévreux.

— Je me suis battu toute ma vie. C'est pour ne pas accepter un régime de police que je me suis exilé, et tu me dis que je dois me livrer à la police ? Vous êtes une grande Centrale, vous avez des ministres. Je suis seul et persécuté. Où est la solidarité ?

Jourdan hausse les épaules. Tout ce que dit cet homme est vrai, et pourtant le cas est insoluble.

Danton est assis dans un coin et suit la scène. « 600 000 adhérents, et pas foutus de sauver un gars correct ». Quand l'Allemand est parti, dans un dernier jet d'imprécations, Jourdan se tourne vers lui :

— Tu me prends pour un salaud hein ! Je te jure que j'y puis rien. J'ai caché des gars, j'ai distribué mes papiers d'identité, j'ai donné de l'argent…

— Tout ça, c'est toi. Mais l'organisation que tu représentes ne vaut pas un clou.

— Peut-être. On n'était pas préparé pour ça.

Danton n'insiste pas. Autant extraire de Jourdan ce qui est immédiatement utile :

— Tu connais les gars du transport, à Anvers ?

— Vois Van Damme. Il a souvent assisté à des congrès internationaux. Il connaît sans doute vos copains du Havre et de Dunkerque. Mais tu sais, en ce moment, il doit être prudent. Les rapports entre armateurs, syndicats et administration du port sont réglés minutieusement. Difficile de tricher, et douteux que Van Damme veuille tricher.

— Compris, Jourdan. Il faudra que nous nous prenions par la main. Mais je verrai Van Damme.

En remontant vers le centre, Danton dépasse l'Allemand qui marche penché, avec des frissons – fièvre ou indignation – qui le secouent. Un instant, il a l'envie de le prendre par l'épaule, mais il se ressaisit. Il ne peut rien lui offrir, lui non plus, et son geste serait pure hypocrisie. Lui donner un peu d'argent ? Il lui reste deux mille francs, de quoi tenir une semaine, en comptant les voyages à Anvers. Il marche plus vite, avec un soupir de dégoût, en pensant qu'il se comporte comme Jourdan.

Cela ne pouvait manquer : Parrain est tombé sur Pierre, dans un petit café tenu par un ancien communiste d'opposition. D'emblée, le personnage a joué le grand jeu :

— Nos liaisons avec la gauche socialiste belge nous permettront d'obtenir des passeports en règle. Évidemment, le Parti sera servi le premier. Mais nous vous considérons comme des révolutionnaires, malgré nos divergences, et vous bénéficierez aussi des documents.

— Les as-tu, ces passeports ?

— Non, mais je suis en relation avec le secrétaire de Spaak. Cela ne saurait tarder.

— Écoute, Pierre, ce n'est pas le moment de faire des phrases. Nous serons tous partis que toi et les tiens serez encore en train de rédiger des thèses.

— Tu crois toujours au débrouillage individuel ?

— Je ne crois qu'en ce que nous sommes capables de faire, ni plus ni moins. Peut-être rien, peut-être quelque chose.

— Je vois.

— Peux-tu me trouver un bon chauffeur de voiture ? Ce ne serait pas gratis.

— Ce que je peux, c'est t'en chercher un et te le présenter. Dis-toi bien cependant que Bruxelles ne se prête pas à une attaque à main armée. C'est trop policé, trop petit, avec tous les gens trop connus. Sans compter qu'un coup foiré signifierait une rafle générale, et la fin des quelques sympathies qui existent encore envers les réfugiés.

— On peut séparer les deux genres d'activités. La main gauche peut ignorer – du moins publiquement – ce que fait la main droite.

— Oui, bien sûr, mais vous êtes, et nous sommes, manchots.

Des passeports, Parrain finit par en trouver. Des vieux se dessaisissent du leur, des sympathisants refilent des documents périmés ; un portier d'hôtel en possède une collection. Plus les livrets d'épargne républicaine, le diplôme des vaincus. Au total, cela ne vaut pas lourd. Tous sont à laver, à prolonger, à ré-authentifier avec des cachets acceptables.

Scipione, dit « l'Artiste », n'a pas bronché quand Parrain est venu le solliciter. Il a pourtant l'air inquiet, fatigué, usé.

— Ne me les laisse pas aujourd'hui. Je ne pourrai pas travailler, il fait trop sombre. Il me faut la lumière naturelle pour manier le pinceau. Ma vue est presque fichue. Non, ne crois pas que je te laisserai tomber ; c'est seulement une question d'éclairage. Reviens quand il y aura du soleil.

— Tu sais, nous n'avons pas de temps à perdre.

— Mieux vaut perdre un jour ou deux que de tomber pour une page suspecte… Vois-tu, vous faites bien de partir. Ici, je me sens prisonnier. Ne te mets jamais dans mon pétrin. Les inspecteurs : je raque ; le concierge : je raque ; les fourgues m'exploitent. Je suis à bout et rien ne me sauvera.

— Tu as fait de bonnes affaires autrefois.

— Oh oui ! Jusqu'en 1938. J'ai travaillé sans problèmes. Depuis, c'est le tunnel. Il me faudrait plus d'argent que les opérations n'en rapportent. Quand tout marche au fric, il faut du fric. J'en suis à vendre mon mobilier.

Ce que Scipione ne dit pas, et ne peut dire, c'est qu'il a été plus loin que l'arrosage des inspecteurs de police. Il livre un nom de temps à autre. Il est le seul à le savoir. Il essaie de « donner » le moins possible, et autant que faire se peut des gars pas intéressants. Chaque jour qu'il gagne doit être payé d'une façon ou d'une autre. Les protections ne tiendront qu'à la mesure de ses ressources. Bientôt ce sera la fin. Les protecteurs seront alors les accusateurs. Avec excuses et regrets. Eux resteront dans le camp des honnêtes gens.

Au quatrième jour, Scipione a tiré les rideaux, rapproché la table de la fenêtre. Dès qu'il se met à l'œuvre, on voit qu'il mérite son surnom. La page est fixée par un jeu d'équerres. Il mélange les encres, trouve le ton exact, examine les lettres à la loupe, fait des essais, puis, précis, sans une hésitation, d'une main sûre, il trace les cercles, dessine les caractères.

Quand il a fini, il esquisse un semblant de sourire :

— Tiens, c'est fait. Pars. Partez. C'est sans doute ma dernière cotisation.

Albert a besoin de deux aides pour *son* bijoutier. La Lithu ne fait aucune difficulté, sauf qu'il dit qu'il se sent vieux.

— Si je dois faire le coup de poing, dis-toi que je peux plus en donner qu'un seul et que si je ne mets pas mon mec à carreau c'est moi qui dérouille. Et aussi que, s'il faut courir plus de cent mètres, je m'effondre.

— Te tracasse pas la Lithu. C'est seulement pour faire le guet. Ton copain bulgare ?

— Je ne te le conseille pas. Hier, il m'a entraîné dans les grands magasins, où il fauche des bricoles. Tomber pour ça, c'est trop bête. L'inconscience, ça n'est acceptable qu'à partir d'un certain chiffre.

— Qui alors ?

— Le petit Catalan. Il est costaud, rapide, et il sait se taire.

— L'ennui, c'est qu'il n'est pas compris dans l'équipe. Si on s'élargit trop, on va finir par ressembler à une organisation de masse et on ne pourra plus rien faire. Essayons, il est peut-être raisonnable.

À Anvers, Bob et Willy circulent, discutent, boivent des demis, arpentent le port. Deux Espagnols cénétistes

leur ont promis de leur signaler les bateaux qui cherchent à compléter leur équipage et ne sont pas poin-
tilleux pour les papiers. Il y a quelques navires grecs qui
recrutent : « Mais alors, pas d'embarquement individuel. De vrais pirates pour qui la guerre va être une
aubaine. Si l'occasion se présente, soyez au moins trois
ou quatre, par prudence, sur le même rafiot. »

Bob vit dans son rêve de colonie paraguayenne. Il ne
se fait pas assez de souci, se dit Willy, qui est seul à parler et à démarcher ; encore que l'acolyte paie les
consommations, les repas et le train, sans se plaindre
ni des kilomètres de quais qu'ils parcourent ni des
invraisemblables visites effectuées dans des quartiers
impossibles, sur la foi de renseignements imprécis, pour
rencontrer un ancien copain qui, « dans le temps », a
fait du courtage maritime, ou l'employé d'une compagnie de fret, ou un parent éloigné d'une copine bruxel-
loise, « qui expédie des marchandises en Colombie ».
Bob ne se lamente jamais, et ne dit mot. Il marche,
écoute, paie. Il est convaincu qu'il partira bientôt.

Il a raison. Près des bâtiments de la douane, un petit
homme noir, plus très jeune, habillé d'un vieux pantalon et d'un chandail de laine qui lui descend presque
jusqu'aux genoux, chaussé de gros brodequins qu'il
porte sans chaussettes, les hèle.

— Vous cherchez l'embarquement. Je sais. Je peux.
C'est trois mille francs chacun. Cinq postes. Trois
soutiers, un aide-graisseur, un garçon de cabine.

Willy ne peut y croire.

— Quel bateau ? Où ?

— Un *steamship*, un vapeur grec. Si vous êtes d'accord, demain deux heures au consulat. Avec l'argent. Et les passeports. Et aussi les certificats de navigation.

— Tu rigoles ! L'argent, peut-être, on se débrouillera. Les passeports, oui. Les papiers de marin, zéro.

— Bon, on verra. Vous y serez ?

— Plutôt ! Comment tu sais ?

— Il y a des jours que vous tournez. Moi aussi. Seulement moi, je suis marin. Mon nom est Giuseppe. Giuseppe Monti.

— Italien ?

— Bien sûr. On aura le temps de parler plus tard, à bord.

Dans le train qui ramène vers Bruxelles, Willy ne peut s'arrêter de parler, de se questionner et d'interroger Bob sur le sérieux de l'affaire. Trop de questions encore à régler avant demain à midi. Bob, alourdi par la bière et les kilomètres parcourus, dort à moitié. « Tu t'excites, tu t'excites. Pourquoi ? »

Il leur a fallu régler tout très vite. Les papiers, l'argent. Pour le choix des partants un problème s'est posé. Albert ne veut pas filer avant d'avoir « sauté » son bijoutier. Danton, Parrain, Willy et Bob, c'est sûr. Qui sera le cinquième ? Si c'est Bianchi, il y aura un trou dans l'équipe d'Albert. La Lithu n'insiste pas pour partir ; il craint de ne pouvoir tenir le coup aux soutes ou aux chaudières. Il y a bien cet emploi de garçon de cabine, mais cela cache quoi ? Finalement, Bianchi est désigné. Albert risquera le coup avec la Lithu seulement…

Au moment des comptes, Bob a sorti un billet de dix mille, ce qui a mis de la joie dans l'air. Il reste encore à fignoler les passeports. Danton est luxembourgeois, Bob, Bianchi et Willy, espagnols républicains et Parrain italien.

Sa visite au consul n'a rien donné. Un bon type, sans doute, et qui se souvenait des copains cités comme références. L'ennui, c'est qu'il n'avait plus de passeports en blanc depuis des mois et qu'il n'espérait pas en recevoir avant longtemps… Pour autant qu'il reste consul à Anvers. La pagaille à Santiago, au ministère, la pagaille ici. Si cela pouvait aider Parrain, il lui ferait un certificat sur papier à en-tête…

C'est Bruno, un typographe qui a la réputation de posséder le coup d'œil du parfait inspecteur, qui révise les papiers. Les documents espagnols lui paraissent acceptables. Il tique un peu pour la mention « marin » portée sur une page du passeport de Danton : « Pas de marins à Echtemach, que je sache. » Le renouvellement du passeport de Parrain aussi lui paraît suspect. Mais baste ! « En marchant vite. »

Ensemble ils ont bu quelques bières, repris très vite par leur manie du raisonnement. Malgré les divergences, ils utilisent le même langage, évitent les faux espoirs. Leurs ultimes conclusions sont sereines, tranquillement pessimistes :

— Il n'y aura pas de Manifeste des Seize [1], dit l'un.

---

1. En février 1915, une déclaration internationale contre la guerre était lancée à Londres et signée par 36 anarchistes connus, notamment Alexander Berkman, Luigi Bertoni, Emma Goldman, Errico Malatesta, F. Domela Nieuwenhuis, Alexander Schapiro, Samuel Yanowsky (*Freedom*, Londres, mars 1915). Un an plus tard, le Manifeste des Seize était publié à Paris dans le quotidien *La Bataille* (14 mars 1916) avec

— Ni de nouveau Zimmerwald [1], complète un autre.

*

*   *

Ils ont voyagé dans des compartiments séparés. Bob et Willy ont pris le chemin du consulat, suivis à distance par les trois autres.

Il y a comme un attroupement devant la maison dont les multiples enseignes et plaques de cuivre signalent le siège des compagnies de navigation et de la représentation hellène. Willy s'avance seul et aussitôt Giuseppe se décolle du mur où il était appuyé.

— Voilà, dit Willy en lui tendant une enveloppe. Tu peux compter.

— Ça va. Où sont les autres ?

Ils viennent et Giuseppe les jauge.

---

la signature de militants anarchistes comme Christian Cornelissen, Jean Grave, Pierre Kropotkine, A. Laisant, Charles Malato, Marc Pierrot, Paul Reclus, W. Tcherkesoff. Ils considéraient que « l'agression allemande était une menace – mise à exécution – non seulement contre nos espoirs d'émancipation, mais contre toute l'évolution humaine ». Le mois suivant, une « déclaration anarchiste » publiée à Londres et signée notamment par Malatesta, en prit le contre-pied, marquant la rupture entre les théoriciens de l'antimilitarisme reconvertis en va-t-en-guerre et les libertaires restés fidèles aux principes pacifistes. Malatesta dénonça alors vigoureusement les « anarchistes de gouvernement », expression qui sera reprise par Ridel comme titre d'un article de la revue *Révision*.

[1]. Sous l'impulsion des Italiens, les minoritaires socialistes des nations en guerre qui s'opposaient à l'Union sacrée se réunirent à Zimmerwald (Suisse) du 5 au 8 septembre 1915. La motion finale de la conférence affirmait la résolution des socialistes et des syndicalistes allemands et français de lutter « pour la fin des hostilités qui ont déshonoré l'humanité ».

— Montons. Cap Nicolas est déjà là.

Les bureaux sont au deuxième étage. Avant d'arriver devant la porte du consulat, et dans la cohue des gens qui encombrent l'escalier, Giuseppe a le temps de distribuer les rôles : « Les deux grands, soutiers. Toi – c'est à Bianchi qu'il s'adresse – *mozo*, garçon de cabine. Toi, aux machines. »

Il y a deux personnages commodément assis dans des fauteuils. L'un, le consul sans doute, devant un bureau encombré d'annuaires, de dossiers et de piles de passeports. L'autre, Cap Nicolas, à en juger par le hâle de son visage, termine un fond de verre. Une dizaine d'hommes se tiennent debout, la casquette ou le béret à la main.

Giuseppe prend l'initiative. Il parle italien.

— Voici les amis. Ils ont leurs papiers en règle.

Le consul tend la main et chaque nouvel arrivé lui remet ses documents. Il y jette un coup d'œil ennuyé et les passe au capitaine, qui les feuillette à son tour.

— Quels sont les *paleros*, les soutiers ?

— Lui, lui et lui.

Le consul intervient et demande à Bob, en espagnol :

— Tu es républicain ?

Bob, qui ne comprend mot, se borne à fixer le consul de ses yeux ronds. Parrain intervient et explique que Bob, bien que de nationalité espagnole, est né en France et qu'il y a toujours vécu. C'est ensuite le tour du Luxembourgeois.

— Où as-tu déjà travaillé ?

— Sur le Rhin, comme marinier.

— Tu connais le travail de soutier ?

— J'ai pelleté pendant trois ans, aux entrepôts et aux chaudières.

Cap Nicolas hausse les épaules :

— Graisseur.

Le consul décroche le téléphone et compose un numéro. Les présents suivent ses gestes comme s'ils attendaient la sortie du gros lot.

— Allo, le commissaire du port ?

Les cinq ont eu le même regard vers la porte restée ouverte et vers l'escalier.

— Voilà, monsieur le commissaire. J'ai ici, pour compléter l'équipage du *Jupiter*, quelques hommes qui, pour moi, sont parfaitement en règle, mais qui peuvent peut-être l'être moins pour vos services.

Danton et Willy sont déjà en retrait, prêts à bondir, à frapper, à filer hors de ce guêpier. Parrain, tout près du consul, entend distinctement la réponse :

— Pourvu qu'ils ne reviennent pas, je m'en fous !

Le consul repose tranquillement l'écouteur et hoche la tête en direction du capitaine.

— Un mot encore, euh… Giuseppe Monti. Il n'y a pas de photographie sur ta feuille ?

Giuseppe s'approche :

— Non, pas de photographie, mais il y a mes empreintes.

Le consul sourit. Ça va.

C'est fini. Tout commence.

Cap Nicolas ne bouge pas. Il dit seulement :

— À trois heures, tous à bord. On part ce soir. Il faudra faire monter la pression.

Les passeports ne sont pas rendus, mais tous reçoivent un laissez-passer pour le *Jupiter*.

— Venez, dit Giuseppe. On va aller déjeuner à bord.

En marchant, Bianchi lui demande pourquoi le consul lui a posé cette question, à propos de sa feuille.

— C'est une feuille de route que m'a donnée le consul d'Italie pour rentrer au pays. Je t'expliquerai. Je ne sais pas très bien ce qu'il y a dessus ; je ne sais pas lire.

Il pleuvine. Les mouettes rasent les quais. Le bateau est amarré au bout d'un *pier* [1] désert. Noir jusqu'à la ligne de flottaison, boursouflé de peinture. Une mince colonne de fumée sort d'une des cheminées. Imposant quand même.

— Douze mille tonnes, dit encore Giuseppe. Vieille ferraille. Ce ne sera pas un voyage d'agrément.

À bord, il n'y a pas grand monde. Un graisseur argentin leur souhaite la bienvenue et les amène à la cuisine. Partout le fort halètement des machines se fait entendre.

Les cinq regardent, écoutent, cherchent à comprendre. Après avoir avalé des œufs sur le plat avec de grandes tranches de pain, ils descendent voir les machines, puis les chaudières où un *fogonero*, un chauffeur à demi-nu pousse un feu et en allume un autre.

---

1. « Quai » en anglais.

Sur le pont, ils se regardent. Ils sont en règle. Du coup, ils n'ont plus envie de redescendre à terre. Giuseppe les conduit à l'avant pour leur montrer leurs bat-flanc. Ils installent leurs ballots, leurs valises. Deux ou trois marins grecs sont couchés. Un vague grognement peut être pris pour un salut.

CHAPITRE QUATRE

En mer, novembre 1939

C'EST LE NAVIRE qui dorénavant commande. Ses besoins rythment la vie de l'équipage, son souffle tremblé est surveillé par les mécaniciens et le commandant, attentifs à un ralentissement ou à une toux, alors que les hommes de pont, de machines et de feux en ont les membres continuellement vibrés. Une autre cadence, plus ample, se superpose à cette perpétuelle tremblote : celle du mouvement de plongée et de remontée et de large balancement.

Un navire société. Les officiers sont grecs, les hommes de pont sont grecs, comme sont grecs le radio, le cambusier, le cuisinier, les aides-mécaniciens. Pour le reste, c'est Babel. Giuseppe fait équipe avec un grand métis argentin, curieux mélange de Noir, d'Indien et d'Européen, et borgne de surcroît. Le *fogonero* de Parrain est un Colombien, Pablo, déjà âgé, l'air usé, secoué de tics. Danton sert de *palero* à un autre Colombien, Vicente, trapu et musclé, à la face énigmatique, plate et dure. Quant à Bob, il est tombé sur un chauffeur taciturne, une sorte de Balte qui semble user du travail comme d'un remède contre ses problèmes personnels ; il grommelle sans cesse, discute avec lui-même, rit ou grince au gré d'un soliloque incessant.

L'apprentissage est dur. Fort heureusement, le charbon est à proximité des foyers, de sorte que les soutiers n'ont pas trop de chemin à faire pour alimenter les chauffeurs. Ce qui est éreintant, c'est l'évacuation du mâchefer et des cendres. Le chauffeur dégage les scories brûlantes au ringard et les arrache du foyer pour les faire tomber au-dehors où elles forment des tas rougeoyants. Le soutier les arrose d'eau, ce qui provoque une fumée âcre qui aveugle et asphyxie. Puis il les charge dans des baquets métalliques qu'il traîne jusqu'à une cheminée où pendent des crochets. Le second soutier, sur le pont, hale le baquet à la force des poignets, s'empare du récipient et, s'efforçant de mettre à profit les à-coups du navire, vise les orifices de la rambarde et bascule le lourd fût.

Une heure de cette gymnastique rend les hommes enragés. Les mains se coincent entre fûts et parois. Les doigts deviennent gourds et ne ressentent plus les écorchures. Les jurons d'en bas répondent aux éclats d'en haut. Dans cette cacophonie de chocs et de gueulements s'élève le bref hurlement du chauffeur – « Charbon ! » – lui-même en train de se battre avec les grilles à nettoyer, le foyer à garnir, la pression qui baisse, l'officier de quart qui l'injurie.

L'Argentin qui était à bord quand ils ont embarqué met Willy au courant. Il s'agit de huiler en permanence les pistons qui dansent un éternel ballet. Rien de difficile. Il suffit de marcher sur les passerelles, de supporter la chaleur. Les coups durs ne se produisent qu'aux escales, quand il faut entreprendre le démontage et le décrassage des moteurs.

Le système des tours empêche les amis de se voir. Ils sont tous crevés, à l'exception de Bob, placide. Un mot d'encouragement en passant, une tape, un clin d'œil. Puis le sommeil secoué comme s'ils dormaient sur des trémies, avec de grands coups sourds sur les parois de l'avant.

La bouffe n'est pas mauvaise. Des œufs et du lard le matin, des plats de féculents et de morceaux de viande, du pain en abondance à midi et le soir.

Les rapports s'amorcent. Au premier repas, Giuseppe est allé chercher les plats pour lui et son chauffeur, le grand « Indien ». Au second repas, il s'est assis à la longue table de bois et a attendu. Le borgne est arrivé et a demandé son *rancho* :

— J'ai été le chercher la première fois. C'est ton tour maintenant.

— Je suis chauffeur et tu es soutier. À toi de le chercher, sinon…

Giuseppe a ramené son pied gauche contre le pied du banc sur lequel il est assis, prenant appui. Tranquillement, il a déplié son couteau puis a regardé l'« Indien » dans les yeux :

— Sinon ?

L'Indien est parti chercher son plat. Dorénavant, chacun pour soi. Au boulot, Giuseppe fera bien d'être prudent et d'éviter les ringards qui tombent, ou les scories qui fusent.

Le moins épuisé, c'est Bianchi. Il sert les officiers à table et nettoie leurs cabines.

— Pas grand-chose, dit-il. Le chef mécanicien a l'air d'un type qui connaît son métier et qui ne fait pas d'histoires. Les autres ont une mentalité de sous-off, à plat ventre devant les supérieurs et méprisants pour les hommes.

— Ce sont des pouilleux des îles, commente un aide-mécanicien, un jeune Grec qui parle un peu français et qui semble avoir plaisir à discuter avec les « recrutés » d'Anvers.

C'est le seul qui soit amical, avec le radio-télégraphiste que Giuseppe visite souvent. Les autres sont distants, hostiles, surtout envers Parrain qui est italien.

Cap Nicolas ne se voit que d'en bas. Sa silhouette massive se découpe sur la dunette, à côté de la cabine du timonier. On dit qu'il lui arrive de dormir debout, les pieds fixes, le corps répondant au balancement de son navire. Il ne voit que le chef mécanicien. Les autres reçoivent des ordres secs. Le cambusier lui apporte ses repas et sans doute l'informe-t-il des menus incidents qui meublent le temps.

Les officiers mécaniciens font bande à part et ne parlent que boulot avec les graisseurs. Les officiers de pont semblent attacher beaucoup d'importance à la hiérarchie, évitant tout contact avec les marins en dehors du travail. La lie, c'est le dessous, charbon et scories, individus sans métier, sans patrie, sans papiers.

Quand le *Jupiter* arrive à Barry Dock, chacun a trouvé sa place. À peine à quai, un quai gluant d'humidité et de poussier, un quai de désespoir, les policiers sont montés. Deux hommes corrects, simples, expéditifs. Un grand et un moins grand, mais avec le même teint de brique, la même couperose aux joues.

Le temps de feuilleter les passeports et ils ont appelé Giuseppe et Parrain :

— Ne descendez pas à terre ce soir. Nous nous reverrons demain.

Giuseppe et Parrain retournent aux chaudières. Avant d'empoigner la pelle, Giuseppe se crache dans les mains, sourit à Parrain et lui dit :

— Cap Nicolas a besoin de ses hommes, et l'Angleterre a besoin des bateaux grecs.

Il ricane puis se met à charger la brouette.

En rentrant à la chambrée d'avant, Parrain devine une certaine ironie dans les regards des marins grecs qui s'habillent pour sortir. Dès qu'ils sont partis, il glisse la main sous le bat-flanc. Le paquet de cartouches n'y est plus. Il ne reste plus qu'une trace qui colle légèrement aux doigts.

Bob n'arrive que quatre heures après, sa garde terminée. Il va tâter la vieille bouée qui lui sert à pendre du linge. Le Herstal est toujours là.

Au soir, Giuseppe vient trouver Parrain :

— Tu sais écrire ?

— Oui.

— En français ?

— Oui.

— Alors, voilà. Tu vas écrire une lettre à monsieur le directeur du camp d'internement de Merxplas, province d'Anvers, Belgique. Tu lui diras que je ne suis plus en Belgique, comme le timbre de la lettre en fait foi, et que je lui demande de m'envoyer mes papiers d'identité au *SS-Jupiter*[1], à Rosario, Argentine.

Mais, ce n'est pas aux États-Unis que nous allons ?

— Non. À Rosario. Le télégraphiste est formel. Il a envoyé des câbles pour le chargement. Puis, tu lui diras qu'il y a un billet de cinq livres, pour les frais. Et tu lui diras merci. Et tu signeras de mon nom.

— Tu étais au camp ?

— Oui. Je me suis échappé. J'ai volé un vélo et j'ai pédalé jusqu'au port. Là, j'ai dormi et mangé à bord des navires. Puis, un jour, j'ai été voir mon consul. Il m'a copieusement engueulé, le salaud, l'enfant de putain fasciste. Mais il m'a tout de même donné un sauf-conduit pour rentrer en Italie ! Il ne pouvait pas faire autrement, et il espérait que cette dernière porte ouverte serait une porte de prison. Tu connais la suite, j'ai trouvé de l'embauche, je vous ai vus en chercher. Voilà. Maintenant écris, que la lettre parte ce soir même. J'ai des timbres – toujours le télégraphiste – et Bob la postera.

— Tu es donc sûr de continuer le voyage ?

— Mais oui. Et sans doute toi aussi. Sans cela nous serions déjà descendus, mais pas pour nous promener.

---

1. « SS » pour « *steamship* », bateau à vapeur.

Parrain se met à écrire. Il fait aussi un mot pour une adresse à Londres, pour le cas où il faudrait déserter ici même et filer sur la capitale.

Bob s'en va. Giuseppe et Parrain le regardent montrer son laissez-passer au garde de passerelle, descendre, prendre le quai de crasse et de brouillasse, se perdre dans l'obscurité piquée d'ampoules teintées.

La nuit a été coupée de chants et de rires, à mesure que les marins revenaient. À l'aube, le chef mécanicien a été emporté sur une civière, pour une crise d'appendicite. Puis une seconde ambulance est venue chercher Pablo, ramassé au pied de la chaudière éteinte qu'il venait de racler.

Les équipes sont redistribuées pour des tours de huit heures. Nettoyage, graissage, ouverture des cales. Le navire chargera dix mille tonnes de charbon anglais et ramènera autant de blé d'Argentine.

L'après-midi, les deux policiers sont revenus. Bianchi, sous prétexte d'aller moudre du café, va coller l'oreille à la paroi qui sépare la cambuse du salon où le capitaine les reçoit. Ça discute, mais calmement.

— Il me semble avoir entendu plusieurs fois « *overcharged* ».

Giuseppe est appelé et revient aussitôt, agitant un laissez-passer, très désinvolte. Puis vient le tour de Parrain.

C'est le plus grand des policiers qui l'interroge ; l'autre, le plus trapu, ne pipe mot, mais écoute avec attention, alors que le capitaine, carré dans un fauteuil, en retrait, regarde fumer son cigare.

— Vous pouvez nous lire ce texte en italien ?

— Bien sûr.

Le texte est une lettre de Natalia qui se trouvait dans sa valise. Le policier fait mine de s'excuser :

— Nous avons vérifié le contenu de votre bagage. Il y avait un roman anglais d'Ethel Mannin [1], plus quelques lettres. Lisez celle-ci.

Parrain déploie son accent le plus toscan, roule les « r », insiste sur les accents toniques.

— Conservez votre lettre, dit le grand policier, qui ajoute : la date du renouvellement de votre passeport indique votre présence en Italie il y a un an. Les autorités italiennes n'ont donc rien contre vous ?

C'est donc ça !

— Non, dit Parrain. Le renouvellement ne s'est pas fait en Italie, mais à l'étranger.

— Ah ! Pas dans un consulat… régulier ?

— Non. Pas dans un consulat régulier…

— Pour nous, cela n'a pas d'importance. C'est même mieux ainsi.

Puis il saute sans transition à une autre question :

— Où avez-vous appris à parler l'anglais ?

— L'émigration est une école où l'on apprend obligatoirement beaucoup de choses.

I. L'Irlandaise Ethel Mannin (1900-1985), amie de W. B. Yeats, fut durant les années 1930 socialiste puis anarchiste ; enfin pacifiste dans les années quarante. On lui doit une cinquantaine de romans, des essais politiques et littéraires, des livres pour enfants, des récits de voyage et de nombreux récits autobiographiques. Les anarchistes lisaient surtout ses livres et romans sur l'éducation (*Green Willows*, 1928 ; *Commonsense and the Adolescent*, 1937) et son roman sur Emma Goldman, *Red Rose* (1941) et son *Women and the Revolution* (1938). Parrain lisait peut-être *Privileged Spectator* (1939) ou encore *South to Samarkand* (1936), récit d'un voyage clandestin en URSS.

— Je vois. Voilà votre laissez-passer. Vous pourrez descendre ce soir.

Parrain remercie.

— Encore un mot : vous n'avez pas que des amis à bord. Tenez votre langue.

Retourner au travail, faire sauter au burin et au marteau des écailles, des croûtes, des strates grises et noires collées, soudées aux parois paraît une délivrance. Se battre contre la matière, dans un nuage de poussière aveuglante et étouffante, avec les muscles qui se font douloureux, les yeux qui pleurent et les cheveux qui prennent la consistance du fil de fer. Oublier les hommes.

Au-dessous, le charbon s'engouffre dans les cales, en grandes coulées, par quatre déversoirs. Malgré le crachin, le navire est entouré d'un nuage noir.

Au soir, Danton, Bob, Parrain et Giuseppe sortent. Willy et Bianchi sont de garde. Il y a deux bons kilomètres à marcher avant d'arriver à la ville.

Avant de quitter le quai, là où prend la route, un ouvrier qui rejette du gravier par-dessus une paroi de planches les hèle. Il est vêtu d'une veste étriquée, d'un pantalon de toile avec un accroc aux fesses qui laisse deviner des caleçons gris ; il porte une casquette de drap et chausse de gros brodequins. Ils bavardent. De la guerre évidemment. Un gamin arrive en trottinant, porteur d'un bidon de thé et d'un paquet d'où l'Anglais sort une large tranche de pain et du lard. « Mon fils », dit-il. Et l'enfant repart vite, les mains dans les poches pour résister au froid et à l'humidité.

— Nous gagnerons la guerre, car nous avons l'or du monde, affirme le manœuvre.

Les quatre autres se regardent. Pas trace d'ironie dans sa voix. Une conviction impériale.

À quoi bon discuter. Ils hochent la tête, saluent, s'en vont. Danton est devenu rêveur. Bob hausse les épaules. Giuseppe parle de se trouver une fille, n'importe laquelle, n'importe où.

— Vous en faites une tête ! De quoi vous plaignez-vous ? Vous avez un bateau, le droit de descendre à terre et trois livres d'avance sur la paie.

C'est vrai. De quoi se plaignent-ils ? C'est encore Giuseppe qui les coince :

— Vous voudriez aussi un prolétariat révolutionnaire ?

Tous le regardent maintenant.

— Vous êtes des copains ?

— Ça dépend de ce que tu appelles copains, dit Danton.

— Vous auriez mieux fait de me le dire à Anvers. L'embauche ne vous aurait rien coûté. Maintenant, c'est trop tard : j'ai dépensé les sous à m'acheter des vêtements. De toute façon, ce soir, on n'a rien d'autre à faire qu'à aller boire de la bière, si le black-out et les règlements ne sont pas trop stricts. Mais je vous jure que couché ou debout, dans un lit, dans un couloir ou dans la rue, je me paierai une fille.

Les cuites n'ont pas eu de saveur, pas même ce goût de tristesse qui se marie si bien à l'accordéon. Seulement des bières fades.

Le lendemain, tout le monde est rentré, y compris le chef mécanicien, un peu pâle, mais faraud. Mais pas le Colombien Pablo, décédé à l'hôpital. « Usé », dit Giuseppe. Sans personne pour lui tenir la main, sans personne, sans doute, pour le regretter. Son absence n'a été commentée que par rapport au travail : il faudra que l'un des matelots grecs aille aux chaudières. C'est Willy qui passe chauffeur.

La panse pleine de charbon, le navire s'est alourdi. Le quai est maintenant à hauteur du pont. Les feux sont poussés et la marche reprend de nuit, sans lumières.

À l'aube, le *Jupiter* est en plein milieu d'une véritable troupe de navires. Quinze ou vingt cargos, plus deux ou trois bateaux de guerre. À quelques encablures, une île de conte d'Andersen, toute verte avec des maisons à toits rouges. Au loin, d'autres îles sombres. « Les Scilly », dit le petit mécanicien grec, un peu au jugé. Un officier le fait taire. Il paraît que le lieu de formation des convois doit être tenu secret, et c'est bien d'un convoi qu'il s'agit. À dire vrai, tout le monde s'en moque : l'île est belle à faire rêver.

De petites vedettes vont d'un navire à l'autre. Des hommes grimpent ou dégringolent le long des coupées. Il y a une sorte de fièvre dans l'air. Au long du bastingage, les matelots regardent, essaient de déterminer la nationalité des cargos. Cap Nicolas fait installer au plus haut du mât une sorte de cage pour vigie.

Ça discute ferme chez les Grecs. Il est question de sous-marins allemands, de hublots à bleuir, d'ampoules à maintenir constamment allumées dans les dortoirs pour ne pas perdre de temps en cas de torpillage.

Le tout mêlé à des calculs sur les primes pour les régions réputées dangereuses. Sur ces questions de primes, c'est Manolis, un de ceux qui s'occupent habituellement des treuils, qui est le plus prolixe.

Les machines se remettent en marche tard dans la nuit. Peu de temps après, la bourrasque se lève, puis la mer se creuse, et c'est rapidement la tempête.

Pendant deux jours – quatre pleines gardes pour la chauffe et presque pas de sommeil pour ceux du pont – les paquets d'eau s'abattent sur la carcasse du *Jupiter*, tordant les rambardes, arrachant et dispersant tout ce qui n'est pas solidement vissé, arrimé ou verrouillé. Il faut marcher à quatre pattes pour rejoindre l'avant. Le capitaine ne quitte pas le timonier, sauf une seule fois, pour descendre aux machines. Les hommes se bossellent aux barres et aux parois, jurent, repartent, ahuris de fatigue, essayant de distinguer les ordres dans les hurlements et les gémissements des tôles et des agrès.

Au troisième jour, les vagues se font plus longues, plus régulières. La mer est toujours houleuse, mais le navire peut s'associer à sa cadence. Les nuages courent, bas, noirs. Il est difficile de voir au loin, entre flots et plafond menaçants. Ce qui est certain, c'est que le convoi n'est plus là et que le *Jupiter* est seul à courir vers l'horizon proche, assiégeant.

Impossible de faire le point sans soleil le jour, sans étoiles la nuit. La radio est bouclée, suivant un ordre qui vient du capitaine ou qui est imposé comme règle commune à tous les navires voguant pour les besoins britanniques. Le marconiste passe son temps à des travaux d'écriture.

Pour ce qui est de l'économie du navire, les détails ne souffrent aucune négligence. Le vin a été supprimé aux officiers dès le départ de Barry Dock. Quant aux soutiers, il leur faut maintenant aller chercher le charbon dans un réduit éloigné. Le charbon du retour est déjà emmagasiné et devra rester à portée de main, car aucun autre emplacement ne sera libre si l'on veut entasser le maximum de grain.

Les hommes grognent, pas trop pourtant. Après le coup de tabac et l'accumulation de la fatigue, une certaine routine s'installe. Le sommeil est redevenu possible et il n'est plus besoin de s'encorder pour ne pas plonger et revenir sans cesse, dans un perpétuel glissement le long du bat-flanc, au gré du tangage.

Malgré sa bigarrure, l'équipage finit par trouver une certaine unité, du moins dans le travail. Les manies des uns et des autres ne provoquent plus de heurts. L'Italien lui-même admet de ne pas occuper toute la longueur d'un banc au moment des repas. Entre Grecs et non Grecs, la coupure demeure, sans incidents pourtant.

Plus d'une semaine s'écoule dans une sorte de nuit ou de pénombre permanente. Pas moyen de situer le *Jupiter*. D'aucuns estiment qu'il doit être proche des côtes africaines. La température ne trahit rien. Il fait toujours humide et froid. Le cargo, masse noire fuyant sur des eaux noires, donne l'impression aux hommes de marcher à l'aveuglette.

Giuseppe est à l'aise. Depuis la tempête, il semble s'être équilibré et épanoui. Il chantonne au sortir de l'échelle, dès qu'il met le pied sur le pont. Après s'être lavé et avoir avalé la tambouille, il va s'installer à l'arrière et lance quelques couplets. Il a une voix de vieux crieur de journaux. Il chante des airs napolitains, puis passe à des tangos pleurards.

L'habitude de venir le rejoindre se prend rapidement, pour les « Anversois » et pour le télégraphiste et le mécanicien. Peu de paroles s'échangent. Les cigarettes rougeoient dans l'obscurité. Peu à peu, les refrains sont repris par l'entourage. Ce n'est pas un chœur, loin de là. Willy et Danton chantent faux. Bob se contente de boire à une petite fiole de rhum qu'il a négociée auprès du cuisinier. Les jeunes Grecs chantent juste, mais estropient les paroles.

Quand enfin le jour revient et que le navire peut être vu d'un bout à l'autre – gris, piqué de rouille, bastingages ondulants, peintures écaillées – un frisson de joie parcourt les équipes. Des sourires s'esquissent.

Deux soirs sombres et mouillés encore, et puis vient une nuit claire, avec des étoiles par milliers, déployées en ombrelle sur le navire balançant.

À l'arrière, le groupe chante.

Chapitre cinq

En mer, novembre 1939

Il n'y a rien de précis à s'offrir aux yeux. De la poupe ou de la proue, la vue dépasse la capacité de voir. Eau fendue par-devant, sillage à l'arrière. Parfois, sur le pont, à l'aube, quelques poissons volants que le cuisinier ramasse et se réserve. Les Grecs peignent, nettoient, astiquent. Aux machines, la chaleur monte, et bientôt les graisseurs travaillent en caleçon. À la chauffe, c'est toujours la suffocation et le ruissellement de la sueur.

Le navire a l'air de savoir où il va maintenant. La crainte des sous-marins continue à se manifester, surtout la nuit, nul ne sait bien pourquoi. Bianchi, qui dort dans la même carrée que le cuisinier, n'arrive pas à convaincre ce dernier qu'il vaudrait mieux éteindre l'ampoule qui se balance au plafond. Cela l'empêche de dormir, Bianchi, et ça lui rappelle certaine prison. Mais le Grec ne veut rien savoir. « Une minute perdue et tu es mort. » Il pense sans cesse au torpillage.

Le soir, au gré des tours et des pauses, le groupe se forme. Il est rarement question de la guerre, à peine plus souvent de la vie à bord. Des propos sur le temps. Une sorte de réserve, ou de pudeur, retient les uns et les autres de se raconter. On en vient lentement à parler de ports, de villes, de pays, d'aventures connues de près ou du dedans. Alors qu'il se montrait le plus taciturne, c'est Bob qui s'est le premier lancé dans un récit. Sans doute pour mieux s'expliquer avec Willy, malhabile à s'exprimer en espagnol ou en français.

— Tu ne connais pas le Fourcy, à Paris? C'est un grand claque. Une taule d'abattage où les femmes s'envoyaient, dans la nuit du samedi au dimanche ou du dimanche au lundi, leur cent de clients. Il y avait toujours foule. Dans le bâtiment, on l'appelait le « tombeau des berlingues », et les compagnons y amenaient les jeunots. J'y ai vu changer la pierre du seuil, creusée par les va-et-vient.

» Dès l'entrée, ça sentait bien des choses. La transpiration, le savon, la bière et le vin. Les bruits aussi : il y avait toujours des robinets qui pissaient l'eau ou des tuyaux qui jouaient de la trompette.

» En bas, c'était le comptoir, et une salle avec des tables et des chaises, avec les clients assis et les filles qui se baladaient. La formule était "Qui me donne dix sous ?". Car la serviette valait cinquante centimes et la passe cinq francs. La moitié allait à la fille, l'autre à la taulière.

» C'était un dur turbin pour les femmes. Après six mois passés là, elles allaient se reposer à faire le trottoir. Elles n'auraient jamais pu tenir le coup plus longtemps.

De vraies gagneuses qui, à partir de deux ou trois heures du matin, dormaient littéralement debout, mais tenaient le choc tout de même. La perspective du petit bistrot où elles tiendraient la caisse, c'est ça qui les empêchait de s'effondrer.

» Il y avait comme ça deux ou trois maisons du même genre à Paris. Du travail à la chaîne, au service de ceux qui n'ont pas beaucoup d'argent. Ça fait beaucoup de monde. Au-dessus, je parle des tarifs, on passait tout de suite à dix francs, sur les boulevards de ceinture, du côté de Jaurès ou de La Villette.

» Pourquoi j'en parle ? C'est toute une histoire.

» Voilà. C'était au temps de l'Exposition de Paris [1]. Il y avait des pavillons de tous les pays en construction. Et, comme de bien entendu, du retard dans le travail. C'est toujours comme ça, pour toutes les expositions. Faut vous dire aussi que c'était encore la période des grèves. La grande vague était passée, bien sûr, mais dans le bâtiment le mouvement reprenait pour un oui ou pour un non. L'occasion était trop belle. Beaucoup de travail après une longue période de chômage. Le gouvernement n'était pas d'accord avec ces arrêts. C'était un gouvernement de Front populaire. Il aurait bien voulu démontrer à tous que son Exposition serait prête à la date fixée. Il appelait les ouvriers et les syndicats à en mettre un coup, à ne pas exagérer, à participer à l'effort national.

» Du côté des terrassiers, des charpentiers en bois, des charpentiers en fer, des peintres, ces raisonnements

1. L'Exposition universelle eut lieu du 24 mai au 15 novembre 1937.

ne portaient pas beaucoup. Ils avaient tellement connu de périodes creuses, ils avaient si souvent "fait de la poussière" pour trouver de l'embauche qu'ils ne voulaient pas lâcher leur os et essayaient de le ronger au maximum.

» Comme vous voyez, c'était en 1937. Les gars étaient remontés. Ils allaient volontiers à la bagarre et maniaient facilement le manche de pioche ou la brique. Avec ça, la manie de planter des drapeaux, rouges ou noirs, tout en haut des échafaudages, pour le plaisir de voir les flics aller les décrocher, en passant sur des planches qui avaient été sciées par en dessous. C'était du spectacle !

» Quand ça débrayait, tout le monde débrayait. Même les étrangers, les Ritals et les Espingouins, qui étaient nombreux.

» Voilà-t-il pas qu'un jour de débrayage, des copains s'aperçoivent qu'un pavillon continue à travailler comme si de rien n'était. C'était le pavillon allemand, les nazis. Et pas moyen d'aller à la châtaigne, car là, il y avait de solides cordons de mobiles.

» Il fallait trouver autre chose, d'autant plus que les chleuhs étaient amenés et ramenés en cars. Le seul moyen, c'était de les trouver en dehors du boulot, pour voir si on pouvait les raisonner.

» Les petits gars de la charpente ont commencé par faire tirer un tract en allemand. Ça n'a pas été facile parce que le premier, imprimé d'après un texte qu'un copain juif avait traduit, ne ressemblait, paraît-il, pas beaucoup à de l'allemand. Du moins, c'est ce qu'un puisatier-mineur alsacien nous a dit, après s'être tapé sur les cuisses à la lecture. Il a fallu recommencer.

» Pendant ce temps, les cochons travaillaient toujours et les nôtres enrageaient.

» Il fallait donc les trouver en dehors du turbin. Où voulez-vous dégotter des gars du bâtiment, de n'importe quelle nationalité, le soir, si ce n'est au claque ? On est donc parti en équipe, et on a fait la tournée, je crois bien qu'on a poussé la porte de vingt taules. De temps à autre, on se tapait un coup de beaujolais. Finalement, c'est au Fourcy qu'on est tombé dessus. On aurait pu commencer par là, puisque je vous dis que c'était le tombeau des berlingues pour les compagnons.

» Ils étaient là, une dizaine, qui pintaient et reluquaient les croupes. Des jeunes pour la plupart, sauf deux qui avaient déjà de la bouteille. On s'est assis aux tables d'à-côté, on a fait la causette, avec quelques mots et surtout beaucoup de gestes. Pinard et fesses, comme de bien entendu.

» On s'est fait copains. De temps à autre, l'un d'eux se levait et montait. À l'aller comme au retour, c'étaient de bonnes plaisanteries. Seuls les deux anciens n'avaient pas l'air de suivre le train.

» La conversation a rebondi, bien sûr, quand tout le monde a découvert qu'on était voisins de boulot :

» "Nous, on est en grève. Grève… *Streik*. Salaire. *Lohn*…

» L'atmosphère n'a pas changé, mais il devait y avoir quelque chose de cassé quelque part. Ils sont encore restés une demi-heure puis se sont levés, sauf les deux

vieux. On s'est tapé dans le dos, serré la main, on a
bu les fonds de verres avec une série de *prosit*.

» Les deux derniers étaient charpentiers et ils se sont
adressés à l'Alsacien, qui n'avait pas ouvert la bouche
ou presque pour mieux écouter et comprendre :

» — Tu parles allemand, toi ? Qu'est-ce que vous
voulez ?

» Alors, c'est devenu sérieux. C'étaient des compagnons berlinois et pas hitlériens pour deux sous. Mais
prudents. Ils ont lu les tracts et en ont pris vingt, pas
un de plus, alors qu'on en avait apportés cinq cents.

» "N'espérez pas que nous nous mettions en grève.
C'est fini ce jeu-là en Allemagne. Ici, cela signifierait
immédiatement notre renvoi au pays, et des emmer-
dements à l'arrivée. Ce qui est possible, c'est de donner vos papiers, un par un, à des gars que nous
connaissons. Peut-être arriverons-nous à freiner et à
faire en sorte que le pavillon ne soit pas terminé avant
les autres. C'est le maximum.

» Puis, s'adressant à un charpentier français :

» "Tu portes le pantalon de compagnon. Nous aussi
on l'a porté. Maintenant, il attend dans une armoire."

» On ne s'est plus jamais revus. Ce qui est sûr, c'est
qu'un échafaudage a craqué au pavillon allemand deux
jours plus tard. Et que la semaine suivante, une partie
de l'équipe a été remplacée. »

— Je croyais que tu étais boulanger, fit observer
Willy.

— Je l'étais. Il a fallu que je prenne ce soir-là un taxi
pour ne pas rater ma première fournée. Seulement
voilà, les gars du bâtiment et moi étions du même

groupe, à Montreuil. Le plus difficile, ça a été d'obtenir du trésorier qu'il nous rembourse une partie des frais. On était tous raides comme des passe-lacets en sortant du claque. Or, le trésorier, il était plutôt eau minérale et carottes râpées. Nous avons mis plus de temps à le convaincre qu'on avait fait la foire pour les besoins de la cause, que pour dégotter deux syndicalistes chez les hitlériens.

*

* *

Le lendemain soir, le groupe fut peu nombreux. Bob avait été pris d'une rage de dents et n'arrêtait pas de téter sa bouteille de rhum, tout en marchant d'un bout à l'autre du pont, sacrant contre l'officier en second qui avait titre d'infirmier mais ne possédait rien en fait de médicaments et s'était contenté de lui filer un flacon de créosote. Les lèvres enflées, les gencives brûlées, Bob faisait des kilomètres pour tenter de calmer les douleurs lancinantes. Il avait le regard mauvais et nul n'osait l'approcher. Toute remarque ou plaisanterie eût déclenché la violence. Mieux valait le laisser flanquer des grands coups de pied dans la porte de la cambuse.

Il prit son tour sans rien dire, une joue enflée, les yeux rougeoyants, la lèvre baveuse. Au soir suivant, il rejoignit les autres pour écouter Bianchi, comme si rien ne s'était passé.

Bianchi avait en quelque sorte la planque. Son service n'était pas épuisant, à nettoyer les cabines et servir les officiers à table. Mais c'était un genre de travail qui

ne lui plaisait guère. Larbin ! Pour compenser, et en vue
de toute éventualité, il repérait tout ce qui pouvait être
prélevé, documents, argent ou objets. Plus en prévision
d'une possible vengeance, si les rapports avec certains
officiers tournaient à l'aigre, que par instinct de vol.
Plutôt petit, vif, agile, sans cesse en mouvement, il prit
cette nuit-là le récit de Bob comme point de départ :

— Le boulot salarié, minuté, contrôlé, ça ne m'a
jamais plu. Sans doute parce que je n'ai pas de métier
véritable. C'est en Espagne que j'ai découvert ce que
c'est qu'avoir un métier. Pas en en apprenant un, mais
à cause d'une histoire que j'ai suivie.

» Ça s'est passé dans le sud de l'Aragon, dans la
région de Teruel. C'était au début de la guerre et, à
cette époque, bien que ce fût pagailleux à bien des
points de vue, nous avancions. Soit dit en passant, plus
tard, quand tout s'est organisé et qu'on a commencé à
singer les grandes machines, on a aussi commencé à
reculer ; mais c'est un autre sujet.

» On avançait, donc, et des habitudes étaient nées.
Par exemple, on occupait l'église du village conquis et
on en faisait une maison du peuple. Ce n'était peut-
être pas très malin, mais c'était comme ça. De même,
la maison du notaire était mise en l'air, avec tous les
papiers, contrats, parchemins mis en tas et brûlés.
C'était une façon de repartir à zéro.

» Ne discutons pas de savoir si nous avons eu tort
ou raison. Ce qui est sûr, c'est que dans la plupart des
régions, les centuries ont fait de même, spontanément.
Ce n'était pas un mot d'ordre. Évidemment, les noms
des rues qui évoquaient encore la monarchie ou la

religion étaient biffés et remplacés par des noms de révolutionnaires, ou des symboles. Je reconnais que ça n'était pas très sérieux, et même que ça avait un petit air religieux sous prétexte d'antireligion. On se soulageait. Mais ce n'est pas de ça que je veux parler.

» Un après-midi, on prend un village, sans beaucoup de difficulté. C'était encore la période où l'on fonçait en camions, avec vingt types qui crachaient de leurs fusils comme pour une fantasia.

» Les gardes placés sur la route, les palabres engagées avec les Républicains du coin qui s'étaient fait reconnaître, et voilà que le rite se met à fonctionner. Des coups de crosse sur les plaques des rues, des inscriptions sur la porte de l'église.

» Un groupe pénètre dans l'atelier du forgeron, désert. Un milicien y voit une médaille à l'effigie d'Alphonse XIII, qui scellait un diplôme encadré et sous verre, et l'écrase d'un seul revers de son mousqueton. La médaille est écrabouillée, le verre en éclats, le cadre pendant, le parchemin déchiré.

» À ce moment entre Arrighi. Il voit la scène et aussitôt est pris d'une colère folle. Il empoigne l'Espagnol qui venait de manifester ses convictions révolutionnaires à coups de culasse, et le secoue en l'injuriant. Il était décharné, méchant, prêt à arroser la compagnie avec son fusil-mitrailleur, la seule arme automatique dont disposait le groupe. Dans son sabir italo-franco-espagnol, plus difficile encore à comprendre du fait qu'il bégayait de rage, il disait :

» — C'est pas le roi que tu bousilles là, c'est le type qui sait travailler.

» L'Espagnol se demandait ce qui lui arrivait.

» — Un diplôme de forgeron, c'est le résultat d'années d'apprentissage, et le roi n'a rien à y voir. C'est de l'art lentement accumulé. Avec des journées entières à manier le soufflet, et d'autres journées à taper en cadence, et encore des journées à apprendre avec les yeux, les mains, les muscles. Et cela, pendant des années. Et toi, enfant de putain, tu détruis ce qu'il sait, parce que toi, tu ne sais rien, et que tu ne sais rien faire.

» Il s'est arrêté d'un seul coup. Les mots ne venaient pas, ou mal. Ça s'est calmé peu à peu. Arrighi a mis son fusil-mitrailleur dans un coin, s'est débarrassé de son attirail :

» — Fermez vos gueules, et regardez.

» Alors il a rallumé la forge. Il a collé deux gars au soufflet. Tout l'après-midi il a travaillé. Et le soir, il nous avait martelé une branche, avec des feuilles et une rose.

» Quand il nous l'a montrée, il était redevenu calme. C'était de nouveau le bon Arrighi que nous avions appris à connaître, que nous croyions connaître et que nous ne connaissions pas.

» Il est monté à Madrid avec Durruti. Il n'avait pas son pareil pour balancer les bouteilles incendiaires et ces saloperies de grenades Laffite qui étaient aussi dangereuses pour ceux qui les maniaient que pour ceux qui les recevaient. Il y est mort.

» Il savait qu'il y resterait, puisqu'il avait laissé son atelier de forgeron à ses deux aides, quelque part sur la zone, entre le Pré Saint-Gervais et les Lilas.

» Moi, je n'ai pas de métier. Juste, pour le business, un peu de serrurerie. »

Personne n'insista.

*

*   *

Les premiers récits avaient été spontanés. L'auditoire y avait pris goût et devint exigeant. Était-ce le besoin de tuer le temps ? Ou l'envie d'écouter une histoire, n'importe laquelle ? Ou encore, plus subtilement, la vieille et tenace illusion de vouloir appartenir, ne serait-ce qu'en paroles, ou même simplement en écoutant, à une grande famille plus exaltante que la famille réelle ?

Le grand Willy se fit prier, non pas qu'il n'eût rien à dire mais parce qu'il ne pouvait s'expliquer dans sa langue. Les autres usèrent de contrainte, lui faisant entendre que c'était leur droit de savoir ce qu'il pensait et que c'était son devoir de se raconter. Ceux qui n'avaient aucun goût pour déballer leur passé – et c'était notamment le cas de Giuseppe – se montraient bien sûr les plus pressants.

— J'ai quitté la mine tout jeune encore, parce que, avec le nouveau régime, il ne restait plus qu'elle. À la mine, il est possible de tenir jour après jour, dans une galerie, à piquer, à charger et à boiser si après il y a autre chose : les réunions, les manifestations, les discussions, la grève parfois. Au travail, je pensais au mouvement. Au travail, je pouvais parler parce que j'étais mineur. Quand les uniformes ont gagné, la mine n'a plus eu que le goût de la poussière. Il n'y avait plus rien à penser ni à espérer.

» Après, j'ai vécu en passant des frontières. Il y avait parfois du travail, toujours dur, toujours bête, toujours mal payé. Même la solidarité, l'aide des copains, ça finit par peser. Il faut sans cesse t'adapter, faire effort pour ne pas gêner, attendre, quand tu as soif, que les autres aient envie de boire, de peur de passer pour un homme difficile, exigeant.

» Surtout, il fallait toujours reculer. Devant les policiers, les gendarmes, les fonctionnaires, les citoyens en règle. Se faire petit. Ne pas se montrer. Se cacher. Vivre le moins possible. Apprendre à avoir peur. Ça s'apprend vite, même quand tu n'as que trente ans, et que tu pèses quatre-vingt-dix kilos. Seulement, ça te laisse comme malade, estropié. Il n'y avait pas un douanier ou un flic que je n'aurais écrasé d'un seul coup de poing. Et je restais poli, bien poli, et je souriais même quand ils plaisantaient à mes dépens.

» Quand a éclaté la guerre civile en Espagne, j'ai couru. Il y avait des fusils à Barcelone, il y avait des uniformes en face, et la possibilité de se battre, ouvertement, à égalité.

» Je ne suis pas resté plus de deux jours à Barcelone, je n'ai même pas voulu m'enrôler dans les détachements allemands qui se formaient. J'avais sans doute la crainte de devoir discuter. C'était autre chose que je voulais. Je suis parti avec une petite colonne d'Espagnols.

» Pendant des mois, j'ai été heureux. Une combinaison de mécanicien, une paire d'espadrilles, une couverture, un mauser. De la boue à partir de septembre, et des nuits tellement froides en montagne que nous creusions des trous à flanc de colline pour y dormir à trois ou quatre, comme des bêtes.

» Seulement quand tu dormais, tu savais qu'un camarade veillait. Et quand tu étais de garde, tu te sentais le protecteur des autres.

» Je ne parlais pas un mot d'espagnol. Ce sont des paysans de Navarre, passés de notre côté en cours de combat, qui m'ont appris à distinguer les petits résineux qui flambent, bien qu'ils pissent l'eau. Pas besoin de discours pour se comprendre.

» Pour moi, la révolution c'était ça. Je n'ai jamais pensé à la victoire, je n'ai jamais espéré. Je n'ai même jamais pensé au lendemain. C'est difficile à expliquer : j'existais.

» Après ça, tu es tranquille. Toutes les saloperies, toutes les trahisons, tous les faux discours, ça ne pèse pas lourd. Tu sais qu'il est possible de vivre vraiment, sans renoncer à rien... »

La voix de Willy s'était faite rauque, entre la difficulté de trouver les mots, et l'émotion.

Les autres se taisaient. Il y eut un long moment de silence. Le grand Allemand alla cracher au bastingage. Giuseppe lança une de ses rengaines, que nul ne comprenait mais que tous reprenaient : *Va il monte ! Va il monte ! Va la legna...* [1]

---

1. Littéralement : « La montagne va ! La montagne va ! Le bois va ! »
Il s'agit probablement de paroles tirées d'une chanson de bûcherons.

Sur la passerelle, Cap Nicolas, immobile, regardait le groupe, longuement. Puis il se retourna et leva les yeux sur le ciel bleu sombre, avec son brocard d'étoiles. Quelle nichée couvait donc le *Jupiter*? Il haussa les épaules. Dans quinze jours au plus tard il serait à Rosario. Après tout, les hommes travaillaient et ne provoquaient pas d'incidents. Peut-être les conserverait-il… Ce n'est pas mauvais d'avoir un équipage fait de morceaux. Le petit Manolis, toujours à s'informer sur les primes pour zones dangereuses, commence à l'ennuyer. C'est ça la guerre. Surtout sur mer. Du fric à gagner, très vite, en échange d'une pétoche permanente.

*

*   *

Il commence à faire très chaud. L'Indien s'est écroulé devant le foyer et Giuseppe l'a remplacé. Un autre Grec a été envoyé au charbon. Par contrecoup, Bianchi est invité à donner un coup de main, « quand il n'aura rien à faire », pour piquer la rouille du pont.

— C'est l'été, dit Giuseppe. On va crever de chaleur en Argentine. Quand vous verrez l'eau prendre une teinte jaune, nous ne serons pas loin d'arriver. C'est le fleuve qui pousse loin en mer.

Danton, avec son menton mussolinien qui lui donne un air de brute, la commissure gauche des lèvres jaunie par la nicotine des cigarettes qu'il ne cesse de griller, n'a plus rien de l'employé poli et propre qu'il était il y a un mois encore. Ses mains sont rugueuses, ses ongles noirs. Il a renoncé à la soude caustique pour se les décrasser : « Ça ramollit la peau, explique-t-il, et après le manche fait mal. » Ce qui le trahit encore, c'est une certaine recherche dans l'expression, malgré l'abondance des gros mots.

Parler de sa profession ne lui paraît offrir qu'un mince intérêt. Ce serait plutôt un épisode à oublier. Il a cependant une expérience à conter :

— Quand j'ai rejoint mon régiment pour le service militaire, après une longue valse-hésitation et des discussions sans fin avec les autres et moi-même, j'étais déjà repéré. Le capitaine qui m'a reçu m'a lu quelques rapports de gendarmerie qui m'avaient précédé.

» C'était vrai. J'avais participé à des manifestations, pris la parole dans des réunions publiques, donné un coup de main à des agitateurs de la région minière. Il y avait des groupes actifs dans la zone des plateaux, où les vergers fleurissaient à côté des terrils et des armatures qui soutiennent les systèmes de ventilation et qu'on appelle des "belles-fleurs". Nous devions nous multiplier, car en face il y avait les sociétés minières, les gendarmes, les juges, les gardes, et à côté de nous, mais bien plus puissants, installés, solides et bureaucratisés, les grands syndicats.

» Nous ne doutions de rien. Quand les réunions publiques étaient interdites, nous organisions des rassemblements dans des prairies, entourées de fils de fer, pour bien signifier aux gendarmes que nous étions sur une propriété privée. De nombreux mineurs possédaient comme ça quelque bout de terrain où paissaient une vache et deux moutons. Les meetings se tenaient généralement le soir, et il fallait tirer un fil pour qu'une ampoule éclaire l'endroit d'où l'orateur devait parler, de façon à lui permettre de lire ses notes ou de retrouver un chiffre.

» La difficulté, c'était de s'échapper ensuite. Nous étions pour la plupart sous le coup d'un mandat d'arrêt pour injures à la famille royale, ou incitation à la violence, ou des choses semblables. Nous avions acquis une certaine technique : les mineurs formaient le hérisson autour de nous et, dans l'obscurité, nous nous esquivions par les champs, retrouvions un vélo en bordure du chemin et pédalions vers la ville.

» Bref, j'étais mis en fiche. Les fiches, c'est éternel. C'est la seule vérité définitive, celle qui vous accompagne toute la vie, comme un tatouage.

» Bien sûr, j'ai fait remarquer au capitaine que si j'étais venu accomplir mon service, c'était pour en être débarrassé au meilleur compte possible, et que c'était même là une garantie de tranquillité pour tous.

» C'était un régiment de cavalerie. Des compagnies en majorité paysannes et des compagnies de recrues citadines. Un savant dosage. Les officiers étaient plutôt jeunes ; les adjudants, de vieilles carnes de la guerre 1914-1918 ; les sous-officiers, des sortes de récupérés, recalés aux examens de facteurs des postes.

» La première chose à faire, c'était de repérer les gens avec qui travailler, puis de les éprouver progressivement. Il y avait un petit nombre d'adhérents aux jeunesses socialistes, une organisation qui se disait antimilitariste, révolutionnaire, internationaliste. Des paroles qu'il fallait vérifier.

» Question discipline, j'aurais dû recevoir une médaille. Ils m'auraient demandé de porter le crottin dans mes mains que je l'aurais fait sans hésiter. Tout était réglementaire ; je crois bien que j'étais le seul du régiment à sortir de la caserne sans un fil de fantaisie, alors que le premier souci des recrues était de "se faire beaux", de porter leur culotte de cheval à retailler ou d'acheter un calot d'étoffe fine, ou encore de porter des bottes au lieu des infâmes godasses et guêtres de cuir qui nous donnaient une allure d'invalides.

» À la première permission, je suis allé voir le secrétaire régional des Jeunesses et lui ai présenté, comme carte de visite, le plan de la caserne, des croquis pour les accès sous couvert, la désignation des endroits non gardés, l'emplacement des magasins d'armes et de munitions, plus deux clefs pour y entrer sans ennui. Il a été un rien estomaqué, mais il a encaissé le coup. Après tout, je n'avais fait qu'appliquer les consignes générales qui découlaient de ses discours. J'en suis reparti avec les noms de quelques recrues dont il se portait garant.

» Le mois suivant a été mis à profit pour distribuer le travail et mettre au point la méthode. L'équipe était de cinq au total, même pas un homme pour chaque compagnie. Un tract a d'abord été réparti, en moins de deux minutes, et à une heure précise : cabinets, cantine, réfectoire, salle de jeux. Un tract général, tiré à Bruxelles, pour annoncer la couleur et faire connaître la signature.

» Évidemment, il y a eu perquisition générale, interrogatoire de tous les suspects, menaces au rapport, suppression des permissions, de façon à exciter la grande majorité des hommes contre les sagouins qui flanquaient la pagaille. Tout s'est bien passé pour nous, à cela près que les gradés étaient mis en éveil.

» Une compagnie était formée d'éléments de la frontière de l'Est. Les hommes parlaient allemand, ou plutôt une sorte de dialecte. Beaucoup venaient d'un ancien territoire neutre, cédé à la Belgique par le traité de paix après la Première Guerre mondiale : Neu Altenberg. Une sorte de village du péché, peuplé de contrebandiers et de braconniers ; et aussi de mineurs travaillant sur le plateau de Herve ainsi que d'ouvriers du textile employés dans les usines de Verviers. J'ai mis plusieurs semaines pour entrer en contact avec les jeunes du groupe qui fonctionnait localement et qui éditait même un petit canard, *Volksstimme* [1]. La liaison devait se faire par l'extérieur, car cela aurait pu paraître bizarre de me voir me balader dans les chambrées des "Flamands" – comme on les désignait, bien qu'ils ne fussent pas Flamands pour deux sous.

» Quand ils se sont manifestés, je me suis senti rassuré, car ils permettaient d'équilibrer nos forces avec celles des jeunes socialistes et, d'autre part, ils formaient un groupe sûr, prêt à participer à n'importe quelle aventure.

» La guerre d'escarmouches a commencé. Des inscriptions partout, mais surtout dans les chiottes qui sont partout le salon où l'on cause, ou du moins où l'on s'exprime et on lit. La gradaille devenait enragée. Plus

---

1. *La Voix du Peuple.*

on désignait de corvées pour gratter et laver, plus les mots d'ordre refleurissaient. C'était devenu la hantise des adjudants de compagnie et de régiment.

» Quand les grèves ont éclaté dans le Borinage et dans le Pays Noir et qu'il a été question pour le régiment de faire mouvement, un deuxième tract est sorti, informant sur les raisons de la grève et appelant les soldats à ne pas accepter de servir comme force de répression. Pour plus de sécurité, nous nous étions procuré des ampoules à briser, le cas échéant, dans les abreuvoirs, pour foutre la colique ou la morve – je ne me souviens plus – aux canassons. C'est fort un cheval, mais terriblement fragile…

» Finalement, le régiment n'a pas fait mouvement. Peut-être parce que nos informations étaient fausses, peut-être tout simplement parce qu'il n'était plus jugé maniable. À l'extérieur, la presse parlait de la "caserne rouge".

» Il y a eu quatre tracts placés au total et des milliers d'inscriptions gravées, toutes de l'intérieur. Nous avions rejeté l'idée d'établir un relais en ville ou de nous faire aider de l'extérieur, comme une source de possibles pépins. Au-dedans, le danger des bavardages était réduit au minimum, car chacun de nous savait qu'il risquait quelques années de taule.

» Le même cirque était organisé dans deux autres régiments, avec deux uniques copains. Les Jeunesses socialistes ont senti le vent et ont monté, avec des fortunes diverses, des équipes dans les autres unités. C'est comme ça qu'aux grandes manœuvres de fin de service, les délégués de dix-huit régiments ont pu se rencontrer un dimanche matin, dans une chapelle d'église, en pleine Campine, pendant que se déroulait la messe. »

Danton en rigolait encore.

— Il en est resté quelque chose ? s'enquit Parrain.

— Sans doute que non. Quelques idées dans la tête des recrues, peut-être. Le nouveau contingent n'a pas rendu. Nous n'avions plus personne à l'intérieur. Et puis, l'année d'après, le régiment a été motorisé. C'était autre chose et il aurait fallu trouver de nou-veaux moyens. Pourtant, vois-tu, ça valait le coup. Je me rappelle le laïus que nous a tenu l'officier de ser-vice, s'adressant à la garde qui devait prendre son tour de nuit, la veille de Noël. Il y avait huit hommes sur lesquels trois étaient de notre équipe. Ce lieutenant nous a fait les pires menaces pour le cas où nous ne serions pas vigilants, où il trouverait au réveil des ins-criptions, n'importe où. Nous lui avons promis qu'il n'y aurait rien, qu'on ouvrirait l'œil. Il avait plus les jetons que nous, l'officier, car c'est lui qui se serait fait coller aux arrêts. Cette nuit-là, il n'y a pas eu d'ins-criptions, bien sûr. Nous trois, nous nous sentions une force. Des deuxièmes classes qui comptaient.

Il se trouvait content, là, par la chaleur du souvenir. En rentrant avec Parrain, il s'arrêta encore et lui dit :

— C'est ça, la « haine vigilante ».

*

*   *

Ils virent des oiseaux le lendemain. La terre n'était plus loin. L'habituelle discussion sur des oiseaux rencontrés en pleine mer, en plein milieu de l'océan, n'enleva à

personne la certitude que l'escale était proche. Le climat s'en trouva transformé. Chacun pensa plus directement à la suite. Giuseppe devint moins loquace. Pour
éviter que la soirée ne devint morne, Parrain raconta
ce soir-là, sans réfléchir, une histoire du Chili, sans
doute parce que la plupart des présents étaient déjà
tournés vers le nouveau continent, oubliaient l'Europe.

— Santiago – je parle des quartiers populaires, pas
du centre ou des quartiers chics – c'est une ville plate,
d'où l'on voit toujours les montagnes au loin, mais pas
très loin. Une ville où il devrait y avoir beaucoup de
bicyclettes, mais où il n'y a pas de bicyclettes. Parce
que c'est une ville pauvre ; plus que ça, une ville de
misère. Et pourtant, à la moindre occasion, on y respire un air d'abondance. Le marché central, par
exemple, c'est une fête ; avec des montagnes de fruits
et de légumes, des rues entières de poissons, de
coquillages, de viandes. Le vin coule facilement. S'il
y a de l'argent, pas de problème pour le dépenser. Le
problème, c'est de trouver de l'argent.

» Les maisons sont basses, généralement sans étage,
avec des murs de grosses briques de boue séchée mêlée
de paille. Comme il y a fréquemment des tremble-
ments de terre, petits ou sérieux, et que l'été est chaud,
une sorte de poussière flotte en permanence dans l'air.
Il y a aussi l'odeur du charbon de bois, qui monte des
centaines de petits braseros servant à cuisiner et à
chauffer. Les yeux fermés, vous pouvez reconnaître
que vous êtes au *matadero* [1] ou dans le quartier du

---

1. L'abattoir.

Diez de Julio, de toute façon au-delà de l'Alameda, la
grande avenue qui fait frontière entre la ville com-
merciale, officielle et administrative, et la ville des
rotos [1] ; l'autre frontière est le Mapocho, une sorte de
fin de torrent qui sert d'égout ouvert. Le *roto*, c'est le
fond de la population de la ville, entre l'ouvrier et le
clochard. Il ne travaille qu'occasionnellement. Des
bricoles, des corvées. Charger, décharger, porter.
Manœuvre, mais jamais longtemps. Il boit plus qu'il
ne mange ; il fait la bringue dès que la moindre possibilité s'en présente. Il est mal habillé, souvent pieds
nus. Il dort en famille, en tas, dans les *conventillos*, qui
sont des usines à dormir, avec de grandes allées inté-
rieures sur lesquelles donnent des portes, comme dans
une prison. Ça gueule, ça s'engueule, ça se bat, ça pue.
Ça vit. Le plus beau jour, c'est évidemment le samedi,
jour de paie, jour d'argent, si les avances perçues ont
laissé quelque chose du salaire. S'il n'y a pas de paie,
il y a les parents, ou les amis. Ou encore les prêts sur
gage. Ou une débrouille quelconque. Même les
mômes parfois rapportent de quoi payer quelques
litres et des *empanadas*, sorte de chaussons fourrés d'oignons frits et de viande. Les mômes, toujours entre
famille et vagabondage, sont délurés. Ils ne laissent
rien traîner, surtout pas ce qui traîne.

» Alors, le samedi soir, dans le quartier du Diez de
Julio par exemple, où des rues entières sont habitées
– souvent en famille – par des prostituées, le spectacle
est public. Tout le monde boit du gros rouge, bouffe

---

1. « *Roto* » signifie littéralement « cassé », lumpen-prolétaire.

et s'empiffre, crie et chante, plaisante, se bat au couteau. Car, sitôt un coup dans le nez, le *roto* redresse sa taille et redevient, le temps de son ivresse, un seigneur à qui il ne fait pas bon marcher sur les pieds ni même regarder de travers.

» Plus tard, parfois en tas de cinq ou six, ils s'écroulent, à même le trottoir ou au pied d'un réverbère, et dorment contents. Les patrouilles de carabiniers passent sans les regarder : elles auraient trop à faire à ramasser tous les ivrognes.

» Le plus beau, c'est l'arrivée des évangélistes, musique en tête. Ils sont brocardés, moqués, mais écoutés quand même. Ils jouent de la guitare, du violon, de l'accordéon et entonnent des cantiques. Puis viennent les confessions publiques : "J'étais un grand pécheur. Je buvais toute ma paie. Je battais ma femme et mes enfants avaient faim. Je courais les putains. Deux de mes enfants sont morts faute de soins, parce que je ne m'en suis pas occupé. Mais un jour… j'ai rencontré le Seigneur." Ou encore, après d'autres cantiques : "J'étais une putain", *etcetera*.

» Tout le monde écoute, c'est-à-dire tous les ivrognes et toutes les putains, et tous les gosses aussi à qui les envoyés du Seigneur racontent leur vie, jouent de la musique et offrent des chansons pas du tout à la mode.

» Nous aussi, nous faisions les évangélistes, à notre façon. Dans des réunions, des meetings, des assemblées. Il y avait un bon paquet de militants dans certains syndicats : l'imprimerie, la chaussure, le bâtiment. Beaucoup de professionnels, c'est-à-dire des gens qui possèdent un capital que nul ne peut leur enlever et qui leur donne une certaine fierté. Des typographes, des linotypistes, des spécialistes sur machines, des maçons et des tailleurs de pierre ; et aussi, dans les groupes d'étude et de propagande, des médecins et des ingénieurs.

» La difficulté, c'était d'organiser ceux qui, par définition, n'étaient pas organisables, c'est-à-dire les *rotos,* sans métier, sans patron fixe avec des domiciles changeants encore que groupés dans les mêmes quartiers. Certains venaient à nos réunions. D'autres s'adressaient à nous parce qu'ils venaient de petites villes de l'intérieur où des groupes fonctionnaient bien.

» Avec Arnal, un militant qui ne se décourageait jamais, qui entrait et sortait de prison sans songer à se plaindre, qui était capable de passer des semaines à convaincre un jeune pour en faire un activiste, mais aussi de comprendre les dimensions d'un mouvement qui pouvait organiser, mener et gagner une grève, sans perdre de vue les grands problèmes, nous étions quelques-uns à chercher comment rendre consciente cette grande force des *rotos*. Ils ne votaient guère, ce qui explique pourquoi les partis ne s'occupaient pas d'eux.

» Ce n'étaient pas des problèmes de salaires qui pouvaient les mobiliser en permanence. Ce qui pouvait les grouper, c'étaient les revendications qui les auraient mis au niveau des autres. Ils crevaient des maladies de la misère, le typhus que leur transmettaient les poux, la vérole, la tuberculose, l'alcoolisme. Les hôpitaux étaient des dépotoirs, sans locaux ni services dignes de ce nom. Ils étaient affreusement exploités par les propriétaires des *conventillos* [1].

» On s'y est mis. Une réunion chaque jour dans un *conventillo*. Ce n'était pas toujours marrant. Le public était ou en état de torpeur ou en pleine effervescence d'alcool. Trois mois pour toute la zone de l'Avenida Matta. Avec des réunions de délégués de comités, des petites concentrations de quartier. Finalement, on s'est lancé dans l'aventure : organiser une manifestation de *rotos,* avec des mots d'ordre propres à eux-mêmes, sans placer aucun espoir dans l'un ou l'autre parti, pour montrer qu'ils existaient et qu'il fallait compter avec eux, que cette écume avait de la solidité.

» Des tracts, des affiches, des réunions de militants, l'appui des syndicats. On n'en dormait plus, littéralement, et c'était une aventure dont l'issue ne pouvait être raisonnablement prévue.

» Le samedi après-midi où le rassemblement a eu lieu, il y avait quelque chose comme cinq ou six mille *rotos* présents. Beaucoup avec femme et marmaille, rigolards et en même temps fiérots de défiler sur l'Alameda, avec des banderoles qui barraient le cortège. Et devant, les vieilles bannières des syndicats et les drapeaux rouges et noirs. Une cour des miracles en mouvement.

» Le cortège s'est mis en marche, après une sorte de long frisson. Tout au long, des pelotons de carabiniers à cheval l'encadraient.

---

1. Dans certains pays d'Amérique latine, le mot désigne des maisons d'habitation modestes.

» Nous étions là à nous demander si c'était un succès ou un échec, si cette dynamite rassemblée allait
exploser ou se défaire en poussière. Arnal, qui était
allé parlementer avec le commandant des carabiniers
pour que le cortège ne soit pas masqué par le peloton placé en tête, revint presque au pas de course :
"C'est gagné ! nous annonça-t-il comme un triomphe.
Ils ont peur." Et, comme nous le regardions de côté
tout en marchant : "Plus que nous", ajouta-t-il en se
mettant à rire.

» Rien ne se passa sinon que le meeting de dislocation fut un succès et que la presse se mit à parler les
jours suivants des thèmes qui avaient marqué le défilé :
les services de santé, le logement, les loyers. En réalité, pour la première fois et en tant que couche
sociale, les *rotos* étaient entrés dans la ville. »

Ce fut la dernière fois que les « Anversois » se réunirent. Les eaux se firent troubles, l'embouchure du
fleuve n'était plus loin. Manolis vint parler à Giuseppe
et lui posa brutalement la question de savoir si « son
groupe », comme l'affirmait le capitaine, travaillerait
à Rosario au déchargement, et cela au tarif argentin,
c'est-à-dire bien en dessous du salaire prévu sur les
bateaux grecs en période de guerre.

Giuseppe ne put s'empêcher de sourire et rassura
le Grec.

— Tu as les nouveaux tarifs ? Avec détails, zones, et
le reste ?

— Bien sûr !

— Alors, calculons depuis le départ.

Ils se quittèrent bons copains.

À la cantine, Bianchi, nerveux, s'explique :

— Il est temps d'arriver, sinon je ne pourrai plus tenir. Cet après-midi, ce foutu officier troisième de pont a manqué de prendre une carafe sur la tête. C'est bête, mais il y a des choses que j'encaisse difficilement. Une connerie quoi : il m'a regardé comme s'il était maître d'école et m'a demandé de verser de l'eau dans son verre. La carafe était juste à côté de lui. Probable que, chez lui, il va chercher l'eau au puits pour toute la famille... Ici, il a un boy, et le boy c'est moi. J'ai ravalé ma rage alors que j'avais déjà la main sur le goulot pour l'assommer. Mais il se pourrait bien que la prochaine fois je n'arrive pas à me contrôler.

Le *Jupiter* se mit en panne sans toucher Buenos Aires, juste le temps de prendre à bord deux pilotes. La lente remontée du Paraná, par des cheminements qui semblaient compliqués, au milieu d'une nature non domptée, accapara tous les regards. Forêts denses sur les deux rives et coques de navires embourbées au détour d'un chenal, cris d'oiseaux et brefs hurlements sortis du fouillis végétal qui s'avançait jusque sur l'eau, fascinaient les hommes de l'équipage. Ils avaient le sentiment de pénétrer un continent inconnu, de s'enfoncer dans une aventure nouvelle, tout en sachant qu'il y avait, au bout du voyage, un port céréalier.

De loin en loin, quelques traces de vie humaine : une cabane, une barque longeant la rive, des toits aperçus dans une trouée. Giuseppe écoutait les réflexions étonnées ou émerveillées de ses compagnons et secouait la tête.

— Tu peux faire le même voyage, plus vite, par le chemin de fer, mais le paysage est monotone : rien que de la terre à bétail.

Les autres préféraient laisser courir leur imagination.

Chapitre six

Rosario, novembre 1939

Avant même d'arriver au port, le navire alla se placer à un quai isolé d'où l'on n'apercevait rien de la ville. Il se planta dans un paysage rappelant le Nord européen, avec des canaux et des prairies proches où meuglaient des vaches. Une poignée de douaniers et de policiers montèrent à bord, avec un agent de la compagnie porteur d'une épaisse serviette. Un garde s'assit au pied de la passerelle, ouvrit, pour s'abriter du soleil, un parapluie noir qu'il arrima à la rampe, et sortit un journal illustré de sa poche.

Il y avait du courrier. Un gros paquet pour le capitaine, quelques enveloppes pour les officiers et les marins grecs. Et un petit paquet pour Giuseppe…

Ce fut Willy qui, dès le matin suivant, alla voir Cap Nicolas pour demander une avance.

— Combien veux-tu ?

— Disons, deux cents pesos.

— Non. Si je donne deux cents pesos à chaque homme, je n'aurai plus d'équipage demain. Vous déserterez tous. Tu dois savoir que tout contrat d'embauche signifie le voyage aller-retour. Nous en sommes à l'aller. Tu seras payé normalement au retour. Je peux te donner cinquante pesos d'avance pour aller en ville t'acheter ce que tu voudras. Compte les billets et signe le reçu.

Willy compta, signa et s'en alla. Il raconta le scénario aux autres. Le défilé commença, et chaque cas fut liquidé de la même façon. Les marins grecs discutèrent plus longtemps et touchèrent un peu plus. Le dernier à passer fut Giuseppe :

— Je viens chercher mon compte, capitaine.

— Ton compte ? Une avance, tu veux dire. Ce n'est pas à toi que je dois apprendre que le contrat comporte un voyage aller-retour.

— Je n'ai pas de contrat, je n'ai jamais signé de contrat. Je veux mon compte, je m'en vais.

— Tu t'en vas ? Tu veux que je te remette entre les mains de la police argentine ? Tu n'as aucun recours. Tu es un vagabond et un déserteur.

— Soyez sérieux, capitaine, et écoutez-moi : voilà mon carnet de citoyen argentin. L'officier de garde me l'a remis hier, avec d'autres documents, comme mon livret de marin. Le courrier a marché plus vite que votre rafiot. Si vous ne me payez pas totalement, et en respectant les tarifs de guerre, je porte plaine contre vous pour m'avoir embauché sans contrat et pour ne pas respecter les lois argentines.

Cap Nicolas regarda le petit bout d'homme qui lui tenait tête, tranquillement, mais avec, dans le regard, quelque chose d'une bête de combat.

— Bon. Je ne veux pas perdre de temps avec tes histoires. Je te donne deux cents pesos et tu fous le camp.

— Non. J'ai droit, au total, à quatre cent vingt-cinq pesos, en tenant compte des dix-huit jours de navigation en zone de danger, et de la surprime. Il n'y a pas de raison que ce soit vous qui touchiez la différence.

— C'est Manolis qui t'a renseigné ?

— Non. C'est le règlement de la Compagnie hellénique de transports maritimes, dont le *Jupiter* dépend.

Le capitaine compta les billets et la monnaie, poussa le tas vers Giuseppe, ouvrit la bouche pour ajouter une remarque, puis se reprit.

— Au suivant !

Il n'y avait plus personne. Cap Nicolas se pinça le nez entre deux doigts, puis se pencha vers la petite armoire qui s'ouvrait à droite de son bureau, en tira une bouteille de cognac et deux petits verres :

— À ta santé, Giuseppe de malheur. Je dois reconnaître que toi, tu m'as eu.

Au soir, sans serrer la main à personne, les six descendirent. Seul, du pont, le petit mécanicien leur fit un geste d'adieu. Ils portaient chacun un baluchon, et le garde accepta leurs explications : ils allaient faire laver leur linge en ville.

La campagne était déserte et ils marchèrent deux bons kilomètres avant de trouver un tramway ferraillant

qui les amena au centre. Giuseppe les pilota jusqu'à
un établissement où des viandes, des saucisses et des
tripailles cuisaient en plein air. Ils mangèrent beaucoup et burent plusieurs bouteilles d'un gros rouge
épais et tiède. Ils parlèrent beaucoup aussi, mais sur
des sujets précis. Ils étaient arrivés, mais ils ne savaient
pas très bien où.

Bob n'avait pas changé d'idée. Il allait au Paraguay.
Giuseppe lui glissa quelques mises en garde, mais
n'insista pas.

— Tu as un bateau qui monte jusqu'à Asunción.
Ça te prendra trois jours. Avec vingt pesos, même
sans passeport, tu entreras. Après, je ne sais plus. Tu
sais où aller ?

— J'ai l'adresse du journal. À partir de là, je me
débrouillerai. En tout cas, je sais faire le pain : dans
mon coin, j'étais le roi des croissants.

— Il y a combien de temps que tu l'as, ce journal ?

— Deux ans à peu près.

— Et tu crois que l'adresse est toujours valable ?
Les choses vont vite au Paraguay, tu sais, surtout pour
ceux qui n'y sont pas nés.

Bob eut un geste désinvolte.

— Je verrai bien.

Willy, Bianchi, Parrain et Danton descendraient par
le train sur Buenos Aires. Ce n'étaient pas les points
de chute qui manquaient. Giuseppe se leva.

— Dans ce cas, allons dormir. Le train pour Buenos
Aires part vers sept heures, et il est minuit passé.

La maison pour *caballeros solos* à laquelle il les condui-
sit était peinte à la chaux, façade et murs intérieurs. La
tenancière les plaça au bout d'une longue chambrée où

déjà plusieurs dormeurs ronflaient. Pour tout ameublement, il y avait des lits de fer, avec un mince matelas de paille, mais deux draps blancs et un polochon.

Ils dormirent lourdement, et Giuseppe les secoua dès l'aube, laissant Bob à son sommeil.

Ce n'est qu'à la gare, où ils prirent un café et des galettes, qu'ils commencèrent à se réveiller. Le train était à quai, avec des wagons qui sentaient la poussière et la sueur.

— Ne vous inquiétez pas pour les papiers. La moitié des Argentins n'en possèdent pas. Ça s'arrangera par la suite.

— Et toi ? Où vas-tu ?

— Dans mon bled, à Jujuy, du côté de la Bolivie.

— C'est loin ?

— Trois jours de train à peu près.

— Tu vas dépenser tout ton fric pour le voyage.

Giuseppe haussa les épaules :

— Et les trains de marchandises, vous croyez que c'est fait pour les chiens ? Si vous passez un jour par là, et que j'y sois – tout peut arriver – adressez-vous à l'auberge qui est sur la route de San Juan, à la sortie de la ville. J'y suis connu.

Le train s'ébranlait. Ils se donnèrent l'accolade, et Giuseppe sauta sur le quai.

— Je vais aller mettre Bob sur le bateau.

Ce n'était déjà plus qu'une petite silhouette au loin.

Les quatre se calèrent dans les coins d'un compartiment vide, se regardèrent sans parler, fermèrent les yeux et dormirent. Chacun pour soi, dans le tohu-bohu des images, des souvenirs et des projets. Contents d'être ensemble.

Chapitre sept

Buenos Aires, 1940

L E CENTRE D'ACCUEIL pour les rescapés d'Espagne fonctionne. C'est un militant d'un certain âge, l'air d'un pasteur protestant, aimable mais sans effusions, qui tient la boutique, dans une rue paisible, pourtant proche du centre.

Le « Pasteur », qui s'appelle Pío et qui est en réalité linotypiste, fournit la règle : un lit dans un hôtel proche, deux repas par jour dans un restaurant ouvrier à deux pas, un peso pour les cigarettes.

— De grâce, cherchez du boulot et trouvez-en le plus vite possible. On vous aidera. La caisse est à sec. L'enthousiasme pour la Révolution espagnole a tiédi ; on soutient plus facilement le combat que la défaite. Il ne reste plus guère que les militants qui continuent à verser régulièrement leur cotisation.

Le soir, après le travail, l'atmosphère change avec l'arrivée de quelques copains : Raco, nerveux, bourré de tics, qui était sur le front de Madrid ; Ghilardi,

l'organisateur de toutes les campagnes pro-répu-
blicaines, secrétaire du syndicat des peintres, calme et
souriant ; d'autres encore, porteurs de nouvelles, qui
sortent des lettres de leurs poches, informent et discutent. Cela fait du bien de se retrouver dans le milieu.
Encore que la série de questions que posent les nouveaux arrivés n'obtienne que des réponses mélanco-
liques : Non, le mouvement n'a pu se redresser après
la dictature d'Uriburu, qui a brisé net le mouvement
d'immigration dans son aspect politique, a renvoyé
nombre d'activistes dans leur pays d'origine et a durement réprimé la propagande. Non, la répression n'a pas
ressoudé les tendances ni provoqué un minimum de
collaboration. Les « syndicalistes » et les « purs » continuent de se bouder de polémiquer, de se combattre.
« À vide », souligne Raco. Non, l'effort de lucidité face
aux événements d'Europe n'est pas soutenu. Il existe
des courants favorables aux Alliés, simplificateurs par
sentimentalisme, par haine du nazisme.

Un certain nombre de militants demeurent en prison. Les activités sont limitées par une série de mesures
policières. Raco, par exemple, ne peut quitter la capitale fédérale pour aller en grande banlieue ou en province tenir des réunions ou parler dans des meetings.

Beaucoup de syndicats sont en crise. Les centrales
ont perdu cohésion et puissance. Même des forteresses
comme le transport urbain, les chantiers navals, le
bâtiment connaissent des problèmes.

— Vous verrez cela peu à peu. Faites la tournée des
locaux, parlez avec les militants. L'élan des années 1920
est brisé. La nouvelle poussée se fait attendre.

Les quatre compères s'en vont prendre leur premier repas. Le tenancier est un Sarde, massif, fort en gueule, cachant sa naturelle bonhomie sous un verbe rude. Il leur sert une côte de bœuf impressionnante, qui dépasse l'assiette, leur verse un vin rouge épais, haut en degrés, tout en les observant, un rien goguenard. Une orange pour finir. Le quatuor se sent d'attaque et les projets commencent à s'ébaucher, sans fondement, mais en confiance.

De la rue, une rengaine s'élève, pleurarde, avec de brusques hoquets. Danton écarte un coin de rideau. C'est un orgue de Barbarie dont la manivelle est tournée par un petit homme, noir de peau et de cheveux. Derrière son comptoir, le Sarde regarde, fait la moue et se met à parler, sans s'adresser directement à personne, comme pour lui-même, comme un chœur, les yeux perdus :

— Encore un qui est venu faire l'Amérique. Bougre de con ! Il a quitté la misère au grand air pour la misère des villes. À moudre sa musique pour aussi purotin que lui. À mendier. Il rêvait de vie facile et de billets en liasses. Le voilà à pousser ses deux roues et à compter la petite monnaie.

» Moi aussi, je suis venu avec des rêves. Il y a trente ans de cela. C'était la misère dans les villages de la montagne, là-bas, dans mon coin du Gennargentu. Pas de travail. Pas d'espoir non plus. Naître pauvre et mourir misérable. Mais, *Dio boia !* [1] la polenta de châtaignes

---

1. Littéralement, « Dieu bourreau ».

était pour rien, et le fromage de chèvres aussi. On ne foutait rien, mais on mangeait quand même.

» Tandis qu'ici, il faut trimer pour arriver à vivre. Et avec le rêve en moins. Il aurait fallu laisser l'Amérique au loin, seulement pour y penser de temps en temps.

» Maintenant, je suis là, sans mes montagnes et sans mes amis, à rincer des verres et à vendre de la soupe à des gens comme vous…

» Putain de vie! Connerie d'humanité, moi y compris! »

Là-dessus, il flanque un grand coup de poing sur le comptoir.

— Tenez, je vous offre une grappa, à mon compte. On a beau ne pas se connaître, je sais bien que nous sommes tous des pauvres types.

L'orgue de Barbarie s'était éloigné; on ne l'entendait plus que faiblement, à deux blocs de là, à sa nouvelle étape d'illusion.

Il faut se mettre en route, découvrir, visiter. Willy, qui possède quelques adresses d'Allemands, part de son côté. Bianchi va repérer ses points de chute italiens. Danton et Parrain vont du leur.

À marcher, tout de suite le centre et son éclat de grande capitale sont oubliés. L'interminable banlieue s'amorce, s'étire en des kilomètres de blocs apparemment identiques. La formule des terrassiers parisiens cherchant du boulot : « faire de la poussière », prend ici toute sa signification. Pour trouver le local des réparateurs de navires, du côté de La Boca, il faut deux heures de marche. Rencontrer un militant de la métallurgie pour dix minutes de conversation coûte une heure de mieux.

Chaque jour va être usé, bloc par bloc, *cuadra por cuadra*, en une sorte de prospection qui les plonge dans le va-et-vient populaire, dans l'immense fourmilière de ce grand port d'où l'on ne voit jamais la mer, et sur lequel ne souffle aucune brise du large. Une chaleur humide, des pieds qui enflent, le col de chemise qui poisse. Et tous ces quartiers qui se ressemblent et les font douter de leur sens de l'orientation. Toujours des maisons basses calquées sur le même modèle. Une porte à double battant, une ou deux fenêtres au rez-de-chaussée, un étage ou pas du tout, une terrasse où sèche du linge. Même les carrefours, avec cafés et magasins, finissent par se confondre. Des rues sans fin où seuls les numéros changent.

Toute une semaine, selon une habitude qui devient routine, ils se retrouvent pour le repas de midi, souvent en retard, les jambes lasses, et repartent pour se rencontrer le soir au local, dîner, monter à la chambre commune.

C'est Willy qui le premier prend la route. Il a trouvé un emploi : s'occuper d'un moteur Diesel quelque part dans le Sud, près de Comodoro Rivadavia.

— Il paraît que c'est vide, ce coin-là. Des grandes distances sans rien d'autre que des troupeaux et quelques gardiens.

— Tu feras du cheval, s'extasie Danton.

— Oui, peut-être. En fait de chevaux, je ne connais que ceux de la mine. Là-bas, ça doit être autre chose.

— Si tu descends en ville, tu trouveras un groupe, signale Ghilardi. Quelques anciens rescapés des massacres de Patagonie [1] et des copains chiliens. Tu ne seras pas seul.

— La solitude ne me fait pas peur. Elle me fera du bien. Et un Diesel, c'est un bon compagnon.

Bianchi ne tarde pas à s'en aller lui aussi. Il « monte » sur Montevideo, déjà pourvu de papiers, où il va rejoindre deux Italiens, réfugiés en Uruguay après la chasse aux illégaux de la période Justo [II] et qui se débrouillent bien sans doute, puisqu'ils ont pu lui envoyer une centaine de pesos pour lui faciliter le voyage.

Le soir du départ, ils boudent le Sarde et s'en vont manger une *parrillada* dans un immense restaurant à musique et chansons, proche de l'entrée du port. Bianchi, déjà ailleurs, écoute d'une oreille distraite les airs gitans, les rengaines italiennes, les tangos qui sont

---

I. En 1921, les travailleurs agricoles de Patagonie se soulèvent, soutenus par la FORA « anarchiste » – lire p. 118, note 1. L'armée est envoyée dans cette région reculée d'Argentine pour rétablir les droits des grands propriétaires terriens et des entreprises anglaises possédant les frigorifiques. Quand les nouvelles parviennent enfin dans le reste du pays, la rébellion est déjà matée et plus de 1 500 ouvriers ont été massacrés. En janvier 1923, l'anarchiste Kurt Wilckens abat le général Varela qui a dirigé les troupes en Patagonie durant ce massacre. Lire Osvaldo Bayer, *La Patagonie rebelle : chronique d'une révolte des ouvriers agricoles en Argentine (1921-1922)*, Acratie/ACL, 1996.

II. À partir de 1930, s'ouvre l'ère des « pronunciamientos » militaires en Uruguay. Corruption, scandales, fraudes électorales marquent la décennie. En 1935, la majorité du capital de l'industrie est entre les mains de firmes étrangères, tandis que le général Agustín Pedro Justo (1876-1943) est élu président grâce à des fraudes électorales.

au répertoire d'une troupe endiablée, inlassable, soû-
lante. Il raconte Montevideo comme s'il y avait passé
sa vie.

— Tu as l'air de te préparer à prendre ta revanche,
remarque Parrain.

— C'est ça. C'est tout juste ça. Me venger de la
vacherie humaine.

— Tu sais, tu finiras par tomber, dit Danton pour
le freiner. La société est un animal qui sait se
défendre. Tu connais le sort des illégaux. Ici même,
Di Giovanni [1]… Les seuls qui ont survécu sont ceux
qui ont su se retirer à temps.

— Oui, pas besoin de me faire un dessin. Seulement,
ça vaut mieux que de servir de paillasson.

Ils parlent d'autre chose. À quoi bon discuter du
thème rebattu, usé. À chacun sa voie, avec la seule
condition de respecter la morale non écrite.

Pendant quelques jours, Parrain et Danton sont
embauchés comme « contrôleurs » d'une ligne de
petits autobus. Il s'agit de pointer les passages pendant
six heures.

---

[1]. En 1923, le typographe italien Severino Di Giovanni (1901-1931)
s'est exilé en Argentine pour fuir le fascisme. Il publia à Buenos Aires
la revue anarchiste *Culmine* et prit part activement à la campagne pour
la libération de Sacco et Vanzetti. Après leur exécution en août 1927,
il décida de passer à l'action violente avec les frères Alejandro et
Paulino Scarfo, commettant de nombreux attentats meurtriers contre
les intérêts nord-américains et se livrant aussi à des « expropriations »
après le passage de Durruti en Argentine. Traité d'« agent fasciste »
dans un article de *La Protesta*, qui condamnait cet engrenage de la violence, Di Giovanni tue son directeur, puis s'en prend à deux fascistes
notoires. Arrêté par la police, il sera exécuté le 1er février 1931.

Un copain de la FORA [1] les met au courant :

— Il y a plusieurs lignes exploitées en coopérative. Beaucoup de chauffeurs sont propriétaires de leur véhicule. Il faut qu'ils respectent les tours. C'est l'organisation qui contrôle. Pour vous, c'est du dépannage, un boulot que nous donnons généralement aux copains qui sortent de cabane et doivent récupérer.

Enfin surgit l'embauche sérieuse. Deux places de tourneur dans une petite boîte de métallurgie. Des gestes simples, rapidement appris. Une monotonie qui leur paraît reposante : fixer la pièce, amener l'outil, mettre en marche, guider le filet d'eau de savon, arrêter, repousser l'outil, extraire la pièce, en replacer une autre. Pendant huit heures, coupées par un arrêt casse-croûte d'une heure, ils servent la machine. Ils sont la machine.

Ils s'installent dans une pension fréquentée par des militants. Les comptes sont faciles : 88 pesos de paie

---

1. La Federación Obrera Argentina est fondée en 1901 à l'initiative des anarchistes. En 1902, les socialistes et les syndicalistes « purs » la quittent pour créer, l'année suivante, l'Unión General del Trabajo. À son quatrième congrès, en 1904, la FOA devient la Federación Obrera Regional Argentina (Confédération ouvrière anarcho-syndicaliste). L'ajout de l'adjectif « regional », d'inspiration internationaliste, veut souligner que l'Argentine n'est qu'une région du monde. En 1914, tous les syndicats rejoignent la FORA. Mais, suite à la suppression d'une résolution du cinquième congrès de la FORA qui stipulait la propagande en faveur du communisme libertaire, les anarchistes, devenus minoritaires, s'en vont en 1915 pour organiser une nouvelle FORA dite du Ve congrès. Par opposition, la FORA majoritaire prend le nom de FORA du IXe congrès. Lire Eduardo Colombo, « La FORA. Le "finalisme révolutionnaire" », *in De l'histoire du mouvement ouvrier révolutionnaire*, Actes du colloque international « Pour un Autre Futur », Éditions CNT-RP/Nautilus, 2001, p. 73-133.

par mois ; la pension en coûte 70. Rien de la grande vie, mais la satisfaction de ne plus être dépendant de la caisse des réfugiés.

*

*   *

À la pension vit Duque. Dès l'aube, il est debout, le maté à la main, la *bombilla* à la bouche [1]. La main est difforme, la bouche mince et malicieuse.

Le premier dimanche, il attaque, ses yeux d'un vert pâle fixés sur les deux nouveaux venus :

— Que fait le mouvement en France, en Angleterre ? Que faites-vous ici ?

La façon de poser les questions désarçonne Danton et Parrain. Ils flairent une sorte de reproche. Ce n'est pourtant que curiosité directe, intérêt, désir de ne rien laisser passer.

— On ne peut plus parler de mouvement, s'efforce d'expliquer Parrain. Un mouvement n'existe qu'en périodes de combat, de revendication, d'assaut ou de défense. Aujourd'hui, il n'y a plus que des individus. Et tu sais que quand un mouvement perd son élan, les défauts individuels deviennent apparents, prennent une importance démesurée ; comme apparaissent dans un fleuve, en période de basses eaux, les carcasses et

---

[1]. Cette boisson nationale argentine, à base de feuilles de houx torréfiées, pulvérisées et infusées dans l'eau bouillante, se boit traditionnellement dans une petite calebasse (le maté) à l'aide d'une pipette en métal faisant office de paille et de filtre (la *bombilla*).

les débris qui encombrent son lit. Notre force a été bri-
sée en Espagne. Ailleurs, rien n'était solide au point de
se maintenir dans une situation de guerre, face à une
mobilisation que mène l'État.

Duque, planté sur ses jambes, l'épaule droite affais-
sée, le visage un rien sarcastique, tendu pour mieux
saisir les paroles, sourit. Il a l'habitude des situations
tragiques. À vingt ans, animateur de groupes d'étudiants, il a été frappé d'une balle dans la région lom-
baire et s'est retrouvé infirme. Il ne s'est jamais plaint.
Il a tout simplement continué à militer, à organiser
des campagnes, à ressouder des clans fratricides, à lancer des journaux. Répressions, misère, polémiques,
défaites, rien n'a pu le changer. Le mouvement, bien
que ou parce que c'est une balle de camarade qui a
tué sa jeunesse, est devenu son unique raison de vivre.

— Alors, rien à faire ?

— Si, bien sûr. Avant tout, ne pas se laisser emporter par l'aspect immédiat des événements, par les propagandes, par la facilité des simplifications. Il est des
périodes où l'on n'a aucune prise sur la marche des
choses. Mieux vaut le savoir et ne pas masquer son
impuissance par de la gesticulation ou, pire, s'embarquer sur un bateau qui n'est pas le nôtre.

Cette fois, c'est Danton qui a parlé.

— Plus d'organisation alors ? questionne encore
Duque.

— Plus d'organisations. Celles qui existaient n'é-
taient pas faites pour affronter une guerre généralisée.
D'autres naîtront, à mesure que les problèmes susci-
teront des mécontentements, que l'absurde deviendra

évident. Pour l'instant, il ne reste, dans le meilleur des cas, que des militants qui ne perdent pas la tête et qui seront capables d'exprimer ce que l'une ou l'autre couche sociale ressentira quand la guerre présentera ses factures.

— C'est une guerre antifasciste…

— C'est une guerre. Avec ses origines profondes, ses raisons historiques, ses explications. Le nationalisme, le traité de Versailles, les rivalités entre puissances industrielles expansionnistes.

— Mais Hitler, c'est un danger d'une autre nature que celui d'une exploitation bourgeoise, limitée par une relative démocratie, et contrebalancée par des mouvements ouvriers…

— Ne nous fais pas le coup de la défense de la démocratie. Sous des vocabulaires différents, avec des moyens différents, démocraties et fascismes ont interdit l'expérience ouvrière et paysanne espagnole.

— Laisser écraser la France n'est peut-être pas ouvrir une meilleure perspective pour une renaissance socialiste.

— La France sera écrasée, précisément parce qu'elle n'a pas voulu choisir entre les solutions authentiques : ou une dictature de droite avec une classe ouvrière mise au pas, ou une vraie démocratie industrielle, ouvrière, esquissée lors des grèves de 1936.

Duque n'approuve ni ne critique. Il se remplit un nouveau maté, suçote sa *bombilla*. Un temps de silence, pendant lequel chacun remâche ses pensées.

— … les copains anglais ?

— Peu nombreux mais résolus et en nombre crois-sant. Ils ont lancé un canard, *War Commentary* [1]. Ils tiendront.

— Grâce à la démocratie britannique ?

— Dans les circonstances où ils ont à vivre et à lutter.

Nouveau silence. Duque continue à regarder ses interlocuteurs, comme un entomologiste suit la marche d'un scarabée.

— On va voir. Si vous le voulez, on essaiera de voir ensemble.

Les chambres de la pension sont nues. Nus les murs, nus les carrelages. Un lit bas, une ou deux chaises et une commode. À croire que les habitants sont tous de passage.

Danton et Parrain montent sur la terrasse, d'où l'on ne voit que d'autres terrasses. Duque est resté au rez-de-chaussée. Il attend deux copains des *frigoríficos* [II] qui préparent des élections syndicales.

— C'est le diable, dit Danton, sans préciser s'il pense à la tête de l'Argentin ou à sa façon de poser les problèmes.

Au repas de midi, il y a toujours de nouveaux visages, surtout le dimanche. Peu de discussions en cours de masticage. Mais tout de suite après des cercles se forment, dont le maté, inlassablement rempli, fait le tour ; des conciliabules s'organisent.

I. Sur ce périodique et le courage intellectuel et moral de l'équipe qui l'anima, lire *infra*, p. 198 *sq*.

II. Usines de conservation et de conditionnement de la viande.

Camela, qui tient la pension, est une belle femme de type espagnol. Grande, avec une allure de porteuse d'amphore. Elle veille à ce que les bouilloires d'eau soient toujours en circulation, s'occupe plus spécialement de Duque, sans avoir l'air d'y toucher. Une sympathisante, parait-il, qui préfère ne jamais écouter pour être sûre de ne rien savoir et de ne rien pouvoir dire.

Parrain et Danton s'en vont vers le centre, sans se hâter. Ils s'amusent à regarder les agents de police refouler des rues où se trouvent les commerces de luxe les égarés qui ne portent pas le veston. Malheur à celui qui, en raison de la chaleur humide, s'aventure en bras de chemise dans le quartier chic. Il est repoussé vers la périphérie. Un homme civilisé porte le veston. On en voit qui tournent la difficulté, le matin surtout, en enfilant une veste de pyjama.

— Hypocrisie, résume Danton.

— Influence de la mentalité du Sud, celle d'Espagne et celle d'Italie, répond Parrain qui cherche à comprendre.

À l'atelier, ils découvrent une forme de culture ouvrière qui les fait rager. Leur voisin de tour, un homme d'une trentaine d'années, d'origine sicilienne, passe chaque soir, après le travail, une bonne demi-heure à se déguiser en gentleman. Tout d'abord, c'est le repassage du pantalon, le seul en sa possession sans doute. Rituellement, il le quitte, le pose sur un banc métallique, le met en pli et l'écrase d'un fer bien poli. Ensuite vient le rite de la coiffure, gominée avec de la graisse de machine. Pour terminer, un coup de chiffon aux chaussures pourtant crevassées par-dessus et dont les talons sont usés au tiers.

Au bout de quelques jours, la confiance s'est installée entre eux. Il s'appelle Segundo et révèle qu'il est fiancé. « Depuis huit ans », précise-t-il. Les deux autres en sont estomaqués.

— Depuis huit ans ? Et pourquoi ?

— Il faut acheter les meubles pour le mariage.

— Oui mais en attendant…

— Oh non ! La famille est très stricte et ma fiancée est une fille sérieuse.

Les deux autres se regardent, partagés entre l'envie de rire et un sentiment de tristesse. Avec ça, Segundo gagne exactement comme eux, c'est-à-dire qu'il doit économiser sur la nourriture de quoi acheter une chambre à coucher et une salle à manger. Des années à vivre misérablement pour avoir le droit de se marier dans les règles et de coucher enfin avec sa désirée.

Une cinquantaine d'ouvriers travaillent là. Des Tchèques, deux ou trois Allemands, deux Français, et bien sûr des Argentins. On y fait des petites pièces, en petites séries, avec une précision relative. La boîte tourne car les importations sont pratiquement stoppées et la demande des maisons d'accessoires augmente sans cesse.

Hors le travail, pour lequel l'entente est naturelle, les compagnons ne se fréquentent guère. Pas de bavardages, pas de coup à boire. Sans doute nombre d'entre eux ont-ils encore le souvenir trop frais d'une Europe en chômage ou d'un Buenos Aires sans embauche pour prendre un rythme de plaisance.

Danton tente de sonder ses voisins de tour pour savoir s'il existe une section syndicale, ou s'il ne serait pas possible de discuter des salaires. Il ne reçoit, en guise de réponse, que des sourires polis ou des haussements d'épaules. Jusqu'au jour où un outilleur français vient le mettre en garde :

— La plupart des gars, ici, sont heureux de pouvoir travailler. Ils sont restés en panne pendant des mois, et parfois des années. Ils savent qu'il serait facile de les remplacer. Alors, tu comprends…

— Et toi ?

— Moi ? Je suis bon professionnel. Je me fais trois fois ta paie. Si les boîtes se remettent à tourner rond, je changerai de crémerie et je gagnerai plus. C'est la règle ici. Ce n'est pas dans le même atelier que tu grimperas. Il faut déménager. Pour te dire la vérité, je me sens et me tiens peinard. Toujours mieux ici qu'à la riflette !

Sans doute. Cela ne satisfait pas pour autant le prurit activiste de Danton. Il a de l'énergie à dépenser. Il s'ennuie. Le soir, le dimanche. Les discussions dans les locaux ou avec les copains ne dépassent pas les généralités. Il voudrait de la matière à pétrir.

Raco lui parle d'un nouveau journal qu'il veut lancer. Ce ne sont pourtant pas les feuilles qui manquent. Certaines portent des noms connus, sonnant comme des pièces solides : *La Protesta*, *La Obra* [1]. Elles ne

---

[1]. *La Obra* fut publiée de 1936 à 1952, tandis que *La Protesta*, plus ancienne, fut créée en 1903 à la suite de *La Protesta humana*, elle-même fondée en 1897 par le docteur Juan Creaghe. Ce périodique

circulent plus autant qu'autrefois, on ne se les passe plus sur les chantiers ou dans les boîtes.

— Elles sentent le passé, soutient Raco. Il faut trouver un nouveau langage. S'attaquer à des problèmes qui vont devenir aigus avec la neutralité argentine, son isolement, mais aussi ses ventes grandissantes de blé et de viandes aux belligérants. L'industrie va se développer.

Quand il rapporte ces propos à Duque, Danton n'obtient de lui qu'une moue sceptique :

— Il fera son journal. Deux, trois numéros. Il ne créera pas un mouvement. Les militants sont encore traumatisés par des expériences récentes. Il cherchera alors des formules qu'il croit neuves, pour attirer des éléments nouveaux. Ce seront des resucées de formules trotskisantes, bolchevisantes.

» C'est vrai, poursuit le "diable", que la plupart des copains des groupes, des publications se réchauffent autour de foyers mourants. Ils traînent leurs souvenirs en reculant vers l'avenir. Les critiques de Raco sont justes. Ce qu'il ne voit pas, c'est qu'il se soûle d'activisme, qu'il se crée un monde à lui, alors que le monde réel, tel qu'il est, lui échappe. Nous allons avoir à franchir des étapes dures, avec soif, faim et désespoir.

---

est le titre historique de la presse du mouvement anarchiste argentin. Un temps quotidien de la FORA, elle fut interdite au moment du coup d'État d'Uriburu en 1930 – cette véritable contre-révolution préventive, dont le mouvement libertaire ne se relèvera jamais complètement, visait avant tout l'anéantissement du mouvement ouvrier organisé, en particulier de la FORA. *La Protesta* fut ensuite publiée comme mensuel en 1940.

Tout cela est dit sans pose, calmement, et sans pessimisme cependant, comme s'il présentait un bulletin météorologique.

— Pas d'assemblée possible, pas de meetings, donc pas d'enthousiasme communicatif. Il nous faut apprendre à lutter d'une autre façon. Ne crois pas que nous ne faisons rien. Les prisonniers de Bragado [1], les briquetiers de San Martín ont besoin de nous, là où ils sont. Tous des lutteurs condamnés pour des délits qu'ils n'ont pas commis, uniquement parce que la police a eu besoin de montrer qu'elle règne.

» Nous avons été matraqués durement. Beaucoup de grèves perdues. Beaucoup de militants étrangers renvoyés dans leur pays d'origine. La plupart des terroristes et des expropriateurs fusillés ou mis hors de combat par des peines très longues. Privés d'aliments, condamnés à l'immobilité, les grands courants du mouvement continuent de se combattre. Un combat entre pièces de musée, sur le plan tactique. Il reste pourtant des centaines d'hommes de valeur, dans toutes les fractions. Il faut les rassembler, ne serait-ce que par instinct de conservation. »

C'est vrai qu'une sorte de recroquevillement peut être noté. Chez les réparateurs de navires, le syndicat fonctionne dans une quasi-illégalité. Les comités se réunissent chez des particuliers. Sur les chantiers, les consignes se passent de bouche à oreille. L'organisation

---

[1]. Allusion aux trois anarchistes condamnés à perpétuité en 1931, qui ont toujours clamé leur innocence. Même après leur libération anticipée, la campagne pour réhabiliter « les Sacco et Vanzetti argentins » s'est poursuivie.

ressemble à une franc-maçonnerie. Dans les nouvelles entreprises, de plus grandes dimensions que les ateliers traditionnels, les services d'embauche éliminent systématiquement les militants connus. On n'y parle plus le génois qui, dans les années 1920, était la langue des compagnons solidaires.

Les journaux de métier se publient encore, mais leur circulation se fait plus difficile, se limite aux convaincus et aux sympathisants connus. Une période entre chien et loup.

Progressivement, des nouvelles commencent à circuler. La première vient d'Espagne : une simple carte postale signée Hassan.

C'est la preuve que l'ancien secrétaire du syndicat du Bois, repassé en Espagne quelques mois après la défaite, est encore libre et vit sous le nom que portait sa fausse carte d'identité.

De New York, de Londres, de Marseille, des lettres arrivent. Généralement courtes, elles situent des militants, ne fournissent que de brèves indications sur la situation générale.

Mario est tombé. Il a été envoyé dans un camp, dans la Lozère. La Lithu a été livré aux autorités allemandes. Un groupe d'Espagnols est arrivé à Cuba, un autre à Saint-Domingue. À Ellis Island, le lieu où les autorités nord-américaines placent les émigrés illégaux en quarantaine, il paraît qu'un bon paquet de copains attendent que l'on statue sur leur sort. Ce qui est sûr, c'est que plusieurs militants en sont déjà sortis et descendent vers le Chili, munis de laissez-passer ou de visas en règle sur des passeports qui le sont moins ! Les

Sociedades Hispanas Confederadas [1] des États-Unis fonctionnent bien et s'affairent à aider les réfugiés sous toutes les formes. Des Italiens sont arrivés au Mexique, où l'on signale également la présence de quelques militants socialistes révolutionnaires français.

Une sorte de répartition géographique des hommes connus devient peu à peu possible, à mesure que la course d'obstacles s'achève individuellement ou par petits groupes. Pour les uns, c'est l'installation dans des pays où opèrent des centres d'accueil, pour d'autres le refuge précaire, aventureux, dans des coins n'offrant aucune sécurité, aucune garantie de stabilité. Pour un large secteur, l'inconnu des camps et des prisons.

Au local de Pio, les lettres sont fiévreusement attendues. Parrain n'arrive pas à payer les frais de correspondance qui augmentent de semaine en semaine, jusqu'au jour où les groupes de l'*Adunata* [2] de New

---

I. Les Sociedades Hispanas Confederadas, fondées avant la Deuxième Guerre mondiale et domiciliées 231 West 18th Street à New York, publiaient le journal *España libre*, un journal bilingue consacré aux informations sur les luttes en Espagne. Après la victoire de Franco en 1939, elles aidèrent les Espagnols réfugiés outre-Atlantique. *España libre* fut publié tous les mois jusqu'à la fin des années 1970. Voir <wwww.writing.upenn.edu/~afilreis/88/spain-overview.html>.

II. Fondé en 1922, *L'Adunata dei Refrattari* – hebdomadaire, bimensuel ou mensuel, selon les époques – sera publié jusqu'en 1971, fournissant « un exemple remarquable de continuité dans l'effort de propagande [...] dans la tradition d'un anarchisme mi-individualiste illustré par Luigi Galleani » (Louis Mercier Vega, *L'Increvable Anarchisme* [1970], Analis, 1988, p. 33). À partir de 1928, la revue fut animée par Raffaele Schiavina (1894-1987), dit Max Sartin, qui avait été l'administrateur du journal de Luigi Galleani, *Cronaca Soversiva*, en 1916. (Lire Max Sartin, « Breve autobiografia », *Bollettino Archivio G. Pinelli*, août 1999, n° 13, p. 43-45.)

York, informés, lui feront parvenir quelques dollars. Le centre d'accueil décide de prendre les timbres à sa charge quand il s'agit de lettres destinées à des Espagnols.

L'inventaire a toutes les apparences d'un jeu de puzzle, à cela près que nombre de pièces sont manquantes et que d'autres apparaissent comme par magie. Ainsi, Danton a pu établir une liaison avec des centres hollandais et suédois [1], lesquels donnent l'impression de tenir.

De ces renseignements portant sur une famille mouvante, pourchassée, parfois à peine réinstallée dans un havre provisoire, rien ne se dégage encore qui pourrait signifier une pensée commune ou une velléité d'action.

— Débris et résidus, estime Raco. Nous devons créer ou recréer une Internationale sur des bases claires, suivant une idéologie précise. Une organisation ne peut fonctionner que si elle est responsable, réglée par des statuts, appuyée sur des sections nationales d'accord sur l'essentiel.

— Beau programme ! réplique Danton. Tu arriveras à créer une fraction de faiseurs de thèses dont la réalité se fout éperdument.

— Sans une évaluation exacte des situations, sans étude des grandes tendances et sans mouvements agissant à partir de ces connaissances, il n'y a pas d'internationalisme possible Seulement des phrases et des discours. Pour résumer, il ne peut y avoir d'internationalisme s'il n'y a pas d'Internationale.

---

1. C'est-à-dire les deux organisations anarcho-syndicalistes membres de l'Association internationale des travailleurs, le Nederlands Syndicalistisch Vakverbond (NSV) et la Sveriges Arbetares Centralorganisation (SAC).

— Aussi prétentieux, ou aussi triste que cela puisse paraître, intervient Parrain, l'Internationale existe. C'est nous.

— C'est une blague.

— Non. Je suis parfaitement conscient du caractère misérable de ce que nous faisons. Je sais que nous ne comptons pas. La guerre ne fait que commencer et sans doute prendra-t-elle des proportions mondiales. L'Europe en tout cas sera marquée par Hitler et par Staline. Tu as raison de vouloir mettre l'accent sur la lucidité, sur la recherche des facteurs qui conditionnent le destin des sociétés. Là où tu te trompes, c'est lorsque tu crois que cette clairvoyance, à supposer qu'il soit possible de l'atteindre est suffisante pour nous donner préhension sur les événements.

— Frapper juste un seul coup est plus important que cogner dans tous les sens et à côté.

— Exact. Mais nous ne sommes ni états-majors, ni technocrates destinés à conduire le monde vers le socialisme grâce à une règle à calcul ou suivant une martingale infaillible. Nous sommes des militants qui voulons pratiquer autant que possible le socialisme et l'internationalisme. Si le génie politique auquel tu veux subordonner toute action se trompe – et il se trompe – il ne reste rien. Pour l'heure, battus, insultés, écrasés, laissés pour compte, « débris et résidus » comme tu dis, nous sommes l'Internationale.

— Ça te suffit ?

— Bien sûr que non. Il faut trouver le moyen et la manière de faire de notre médiocre réalité un instrument de combat. Passer de l'existence à la présence, et peut-être à l'influence et à l'intervention. Cela demande la pratique de ce que tu appelles la lucidité, pour commencer. Ce ne sera pas facile ; on voit déjà fonctionner les pièges : défendre la liberté relative contre l'absence de liberté, défendre l'absolutisme stalinien contre la ploutocratie capitaliste. Notre travail – mais c'est un travail qui n'est pas nouveau, que nous avons dû poursuivre depuis que nous existons – c'est de ne rien confondre, de ne rien simplifier, de distinguer les divers types de régimes sans jamais perdre notre personnalité de mouvement libertaire.

— Joli tout ça. Comment le traduire dans les faits, dès maintenant ?

— Quelques-unes de nos revues continuent de paraître ; nous pouvons en premier lieu les nourrir, par des informations sur les diverses situations sociales dans le monde, fournir des nouvelles, à partir des militants et des groupes, et non pas en nous bornant à interpréter la presse d'information qui déforme par intérêt et par ignorance. Ensuite aider ceux qui ne s'enrôlent sous la bannière d'aucun camp pour qu'ils puissent rester eux-mêmes. Leur faire sentir que, même seuls, ils ne sont pas isolés, qu'ils font partie d'un courant, d'une poussée, d'une volonté.

— Cela ne fera pas grand-chose au total.

— Ce ne sera pas grand-chose en effet. Ce sera l'essentiel. Ne pas s'abandonner à la facilité. Il y a d'autres révolutionnaires qui cherchent à ne pas perdre la tête ! L'expérience espagnole a remis en question beaucoup de mots, de principes, de formules toutes faites. Ces révolutionnaires-là, même dans notre pétrin, nous pouvons les convaincre, les rallier. Une conception ample du socialisme associé à la méthode de liberté peut et doit progresser.

À l'exaltation des discussions succède l'abattement que provoque l'évidente absence de moyens. Il leur faut patiemment chercher les éléments d'une force, dégager lentement les rouages d'une machine simple. Ceux-là même qui approuvent le principe de la continuité d'une position internationaliste ne peuvent être fréquemment utilisés parce qu'ils s'en tiennent à des principes généraux qu'ils n'osent pas vérifier par l'analyse détaillée de chaque situation. Ils se replient sur une abstraction au lieu de nourrir leur conviction en extrayant des événements les preuves mêmes de son bien-fondé.

La société argentine semble se replier sur elle-même, malgré l'abondance des polémiques de presse sur la guerre européenne, les voix claironnantes des services de propagande allemand, anglais, italien, français. Les groupes d'intérêts prennent des attitudes pro ou anti-Alliés en fonction de leurs perspectives propres, ajoutant à la confusion de l'opinion publique.

Pour le noyau de militants qui s'est attelé à la tâche de créer un courant Socialisme et Liberté [1], la difficulté première, toujours renaissante, c'est le sentiment de travailler toujours en dehors du tableau contrasté que présentent la presse, les discours officiels ou les chefs de partis. Il n'y a guère que les lettres venues de l'extérieur qui permettent de maintenir vivante leur certitude

---

[1]. Sur ce mouvement, lire *infra*, p. 241 *sq*.

d'un monde souterrain, combien réel, mais muet pour l'heure, celui des usines, celui des régiments.

Un réseau fragile, imprécis encore, avec quelques bases ancrées à Montevideo, Mexico, Santiago du Chili, Londres, New York et Stockholm, se met à bouger. Quelques articles circulent, sont publiés. Des manifestes éclatent ça et là. Encore en route ou déjà installés au bivouac d'une nouvelle étape, réduits à eux-mêmes ou lovés au creux des organisations nationales, quelques centaines d'hommes guettent l'événement.

Pour l'heure, ils se savent objets, ballottés et impuissants. Il leur faut se cramponner pour ne pas se laisser emporter par les grandes vagues de mobilisation qui déferlent sans interruption et brisent ou désagrègent leurs certitudes d'hier. Il leur faut, tout en travaillant dur pour manger et en réduisant les heures de sommeil pour courir les réunions et les rédactions, pratiquer la patiente interprétation de la nouvelle isolée, l'évaluation des conjonctures mouvantes, l'estimation des courants qui se partagent leur propre mouvement.

Ne pas se laisser duper par des illusions, sans pour autant perdre cette conviction, cimentée par cent cruelles expériences, que les problèmes sociaux réapparaîtront en dépit et en raison de la guerre. Dans cette perspective, construire un embryon d'organisation, une arme utilisable à la première occasion.

D'où cette sorte de gouaille permanente dans les propos et les discussions, qui masque l'attente, l'inquiétude, l'angoisse. L'unique réconfort, en ces jours, c'est la présence de noyaux semblables en d'autres pays, sur d'autres continents. Après ces nuits où se remâchent presque mécaniquement, les arguments et les soucis, il ne demeure finalement qu'une volonté, nette comme une brûlure, et le scepticisme modérateur de la vie quotidienne.

— Vous êtes des malades, a lancé Bianchi, qui passe par Buenos Aires pour se rendre au Chili où il espère monter une opération en se basant sur le caractère identique des jetons de casino utilisés à Punta del Este, en Uruguay, et à Villa del Mar, sur la côte du Pacifique. Qu'espérez-vous ? Jouer les Lénine ?

Danton et Parrain secouent la tête.

— Ni Lénine, ni autre chose. Seulement ne pas perdre le bon sens et aider ceux qui tiennent à conserver le leur. En ce moment, c'est indispensable. Demain, d'autres auront les yeux ouverts par leur propre drame. Nous nous retrouverons alors. En attendant, nous cherchons à rester fidèles à nous-mêmes.

— Incorrigibles ! C'est votre opium.

Bianchi leur explique tout de même ce qui se passe en Uruguay où le mouvement Socialisme et Liberté a mordu. Peut-être parce que le doute s'est inséré chez les militants ouvriers et chez les intellectuels quant à la valeur de la bataille de propagande que se livrent les partisans de la démocratie britannique et les organisations communistes qui dénoncent l'impérialisme anglo-saxon.

La guerre se rapproche. Une bataille navale s'est déroulée au large des côtes uruguayennes, entre des bâtiments de la Royal Navy et de la flotte allemande.

Dans la semaine qui suit, l'extraordinaire se présente. Sur l'avenue qui va du port au centre de Buenos Aires,

les badauds peuvent voir les marins anglais, deux par
deux et guillerets, arpentant le trottoir de gauche, tandis que des matelots allemands, nets, astiqués, mais
vaincus, marchent sur le côté droit. Le *Graf von Spee*
a été coulé [1] et l'Argentine, pays neutre, a accepté de
recevoir sur son sol les équipages des deux bords. Pour
ces Allemands-là, la guerre est finie. Pour les Anglais,
il s'agit de continuer.

En Europe, la main de fer nazie broie les armées
adverses une à une. La Pologne disparaît de la carte,
partagée entre Hitler et Staline. Bientôt, les troupes
belges, françaises, britanniques sont culbutées, isolées,
émiettées.

À l'atelier, l'annonce de l'armistice a donné lieu à
une scène invraisemblable. La plupart des ouvriers ont
manifesté leur joie. Les Tchèques ont donné l'accolade aux Allemands et aux Français. Tout compte fait,
l'allégresse a été totale. Cet enthousiasme ne jaillissait
pas de l'annonce de la victoire hitlérienne, mais saluait
la paix, la fin de la guerre, comme s'il s'était agi d'une
épidémie qui se trouvait coupée court.

Dans leur coin, Parrain et Danton, muets devant leur
tour, essaient de comprendre. Ils pensent à ceux qui,

---

1. Ce cuirassé de poche allemand attaquait et coulait les navires marchands des Alliés dans l'Atlantique. Poursuivi par des navires alliés, il
se réfugia, après avoir été touché durant un combat naval, dans les
eaux neutres du port de Montevideo, sur le Río de la Plata, afin d'être
réparé. Convaincu d'être pris au piège – son séjour dans un port
neutre étant limité à soixante-douze heures selon la loi maritime internationale –, le commandant débarqua son équipage et saborda son
navire le 17 décembre 1939.

dorénavant, auront plusieurs polices sur le dos. Ils tentent d'imaginer ce que va signifier, à Paris, à Bruxelles, mais aussi à Milan ou à Düsseldorf, le triomphe nazi, la mise au pas des administrations et des opinions. Ils songent à ce que doit être le moral des derniers opposants, aplatis par les succès de leurs maîtres. Combien de temps le soulagement de la paix va-t-il durer ?

— Cela ne fait que commencer, leur dit Duque le même soir. Le propre du monde moderne, c'est qu'il est animé par la compétition, sous toutes ses formes, y compris la guerre, et que certains esprits se croient assez forts pour aspirer à l'hégémonie.

La petite équipe de Socialisme et Liberté se sent plus isolée, plus impuissante que jamais. Les relations se trouvent coupées avec l'Europe presque toute entière. Il n'arrive plus que de rares nouvelles de Suède. D'Angleterre parviennent des informations sur l'Inde, l'Australie ou la Chine, mais rien du continent proche et isolé. Les quelques échos glanés sont aussitôt retransmis au petit réseau. Par contre, les rumeurs circulent, brouillent les esprits et entretiennent la confusion. Il faut se cramponner, pratiquer la lecture minutieuse de la presse nord-américaine dont les exemplaires arrivent avec retard.

Les propagandes montent à l'aigu. L'information, qui semblait l'arme la plus solide dont pouvait disposer un noyau révolutionnaire, disparaît. Il ne reste plus alors que les considérations banales, le repli sur les principes affirmés. Peu de chose en regard des grandes offensives menées à tous les niveaux par les camps antagonistes.

Les militants rédigent, tapent des stencils, tirent leur bulletin, l'expédient, conscients de leur pauvreté, rendus enragés par leur dénuement.

Un dimanche, à l'occasion d'un *asado* [1], une réunion de militants s'improvise. Une bonne cinquantaine d'hommes, une dizaine de femmes, sont assemblés sous les arbres d'un jardin, dans une banlieue populaire. Des branches flambent pour la préparation des braises. Quatre agneaux, des mètres de boudins et de saucisses sont entassés sur des tréteaux. Une sorte de grillage métallique et de minces tiges de fer fichées en terre attendent les viandes. Un petit groupe, tout en participant à la conversation des voisins qui tètent leur maté, épluchent oignons, piments et tomates. Des dames-jeannes de vin rouge s'alignent. Les activistes des *frigorificos* ont apporté l'élément solide du repas. Le groupe local – une « société d'études » – fournit légumes et boissons. La maison basse est habitée par l'animateur d'une section syndicale de la métallurgie. Dans tous les coins, des conciliabules, fréquemment interrompus par l'un ou l'autre des porteurs de listes de souscription en faveur d'emprisonnés ou de grévistes, ou des vendeurs de revues et de bulletins.

On reconnaît les Italiens des syndicats de tailleurs et de chapeliers à leur mise soignée. Ils portent, malgré la chaleur, le veston et le feutre. Les gens de la construction navale sont plus débraillés, bien que les chemises soient toutes d'une netteté de cérémonie ;

---

1. Grillade, plat national argentin.

leurs mains sont grises, striées de coupures, les ongles
noirs et souvent écrasés. Ceux du bâtiment ont également leur touche propre, avec une sorte de désin-
volture, d'aisance dans le mouvement. En général, ce
sont des hommes mûrs, la quarantaine et au-dessus.
Les jeunes présents sont pour la plupart des étudiants
de La Plata et de Buenos Aires, des carabins, des élèves
architectes.

Tous se connaissent et les présentations sont rares
sauf quand il s'agit d'étrangers.

— C'est Babel, dit Ghilardi à Parrain, mais avec une
langue, ou plutôt un vocabulaire devenu commun :
l'espagnol de Buenos Aires. Nous avions une fédération
balkanique membre de la FORA, où se rencontraient
Bulgares, Grecs, Hongrois et Roumains. Il n'en reste
pas grand-chose, mais le petit nerveux qui gesticule là-
bas est le secrétaire d'un noyau grec dont les membres
travaillent au port. Tu peux difficilement repérer les
Uruguayens ; un peu plus facilement les Paraguayens,
ne serait-ce qu'à leur façon de boire le maté glacé, et
bien sûr les Boliviens – il n'y en a qu'un – et les
Péruviens, qui sont membres des groupes étudiants.

Quand le tapis de braise est étalé et que les agneaux,
écartelés, sont exposés suivant une inclinaison soigneusement calculée de la tige métallique sur laquelle
on les accroche, et après que chacun a jeté un coup
d'œil expert sur le dispositif, les groupes se concentrent
sous les arbres. L'assemblée est réunie.

C'est un étudiant qui pose le problème :

— Nous sommes à la fois témoins et participants
indirects. La guerre est encore limitée à l'Europe, mais

elle s'étendra probablement à d'autres continents. Le dépècement de l'Europe se réalise entre deux systèmes dictatoriaux, l'hitlérien et le stalinien. La lutte pour l'hégémonie va prendre des dimensions mondiales. En Europe, le mouvement ouvrier est écrasé, réduit à des souvenirs et à quelques clandestins. Ailleurs, ici ou aux États-Unis, il ne peut espérer intervenir comme une troisième force. Du moins peut-il se maintenir, se montrer actif, jusqu'à ce que la conjoncture internationale change.

Il parle par petites phrases, sèchement, avec de temps à autre des formules dures telles que « les anarchistes de Churchill » pour désigner ceux qui estimaient que l'essentiel était de faire front contre l'hitlérisme.

Celui qui prend la parole ensuite est un linotypiste, qui « fait » plus intellectuel que l'étudiant, avec une tête noble aux traits fins :

— Le camarade qui a ouvert le débat a raison. Théoriquement raison. Reste à savoir comment nous pouvons intervenir, non dans le débat des idées mais dans la réalité de tous les jours. Pas seulement chez nous, où les raisons de développer la lutte des classes ne manquent pas, mais dans chaque pays. Et en cela, nous pouvons aisément contrer les staliniens qui calquent leur tactique sur les besoins des Russes en politique internationale, mais exécuteront le demi-tour droite si les rapports entre Alliés, Allemagne et Union soviétique se modifient. De Buenos Aires, nous pouvons nous montrer tranchants ; reste à savoir si les copains de Londres, ou ceux de Grèce, ou ceux d'Italie sont en mesure de traduire cette position – que je reconnais juste, je le répète.

— Tournez pas autour du pot, intervient le Grec. Pour l'instant, la Grèce est occupée par l'armée italienne. C'est une situation de fait. Il est facile d'imaginer que les Grecs ne sont pas contents et ce n'est plus une question de classe. Faut-il que les vingt pouilleux qui nous restent comme mouvement sur le continent et dans les îles marchent avec les Anglais, ou faut-il qu'ils se drapent dans leur idéologie et ne fassent rien ?

— Crois-tu, dit Ghiberti, que les soldats italiens qui occupent la Grèce soient tous des fascistes et que, d'une façon générale, ils soient contents de la guerre ? Probablement que non. Il existe sûrement des possibilités de propagande parmi eux. Ce n'est pas parce que les copains grecs ne sont plus qu'une poignée qu'ils doivent se suicider en se mettant au service de Londres.

Parrain sort une lettre de sa poche pour en traduire un passage :

— C'est une lettre d'Italie, passée par la Suisse. Dans les Alpes apouanes, les mineurs du marbre rassemblent des armes, des bandes s'organisent, un maquis est en train de naître.

La discussion prend feu. Les grands mots prennent aussitôt la place des analyses et des raisonnements. Les nuances disparaissent et les formules se renvoient comme des balles.

— Il est temps de manger, annonce Ghilardi. Sans cela, ajoute-t-il pour lui-même, vous allez vous bouffer entre vous.

Les petits groupes se reforment, au gré des voisi-
nages, des sympathies ou des polémiques à liquider.
Chacun va se servir, assiette dans une main, verre dans
l'autre, et revient la bouche pleine de mangeaille et
d'arguments.

— J'irais bien rejoindre les Polonais de Londres,
avoue un des délégués des groupes juifs, seulement je
connais la mentalité de ces bons nationalistes, aussi
antisémites qu'anti-Russes. Ils me cracheront dessus.
Youpin, anar, pas patriote pour un sou, cela rend trois
fois minoritaire. C'est pas une situation facile.
Pourtant, non par raisonnement politique, mais tout
bêtement pour voir les choses de près, cela me tente.

Danton le regarde alors, intéressé :

— Comment ferais-tu ?

— Ce ne sont pas les bureaux de recrutement qui
manquent par ici. Il y a les Anglais et, depuis quelques
jours, les Français libres, et pour la Palestine, des
agences sionistes.

— Où débarque-t-on pour commencer ?

— Généralement à Londres. Mais tu peux tout
aussi bien te retrouver quelque part en Australie ou en
Afrique. Pourquoi ? Ça t'intéresse ?

— Ce qui m'intéresse, c'est d'aller voir, comme tu
dis. L'effondrement de vieux empires et ce qui suit,
c'est un spectacle à suivre de près. Avec, peut-être, des
situations à exploiter…

— Ce ne serait pas, plus simplement, le goût de la
bagarre ? Ou une explication – disons technique – à
un vieux fond d'antifascisme tout bête ?

— Je ne crois pas. Il y a des copains à Londres, qui pensent et agissent. Être sur place, c'est tout de même plus excitant que de regarder avec une lorgnette.

— Je ne comprends pas très bien. Tu viens d'arriver, à ce qu'on m'a dit. Tu as joué l'insoumission, et maintenant tu penses à repartir ?

— Cette fois, si je me décide, ce serait ma décision, pas celle des autres. De plus, ce serait pour me brancher sur le mouvement. Sur ce qui en subsiste, dans une conjoncture nouvelle, au milieu des décombres, c'est-à-dire avec la perspective de reconstruire.

— Cela ressemble assez à une aventure toute personnelle.

— Le ressort est sans doute individuel. Je ne pense pas que le boulot, s'il y a possibilité d'en faire, le sera.

Ils s'arrêtent là, mastiquent, boivent, réfléchissent, se regardent. Les faces sont luisantes, les mains grasses. Il fait chaud. Une copine passe avec une corbeille de fruits.

Le repas n'a pas énervé les présents ; au contraire, quand la discussion générale reprend, une sorte de calme s'installe, non pas celui des estomacs lourds ou de la sieste manquée, mais celui qui précède les décisions difficiles.

Un vieux militant de *La Protesta* résume les débats :

— Ne pas perdre la tête. Ne pas la laisser se remplir de la propagande des autres, ne pas la bourrer de phrases creuses, même si elles sont belles. Coller aux événements et les suivre. Là-dessus, nous sommes tous d'accord. Ce qui ne veut pas dire que nous serons tous capables de rester lucides.

» D'accord aussi pour concentrer les efforts sur les liaisons internationales, pour faire connaître les réalités sociales masquées par les discours officiels, pour donner une grande place dans nos publications à la présence et à la constance du mouvement révolutionnaire et de nos militants.

» Là où le problème reste ouvert, c'est de savoir comment intervenir dans les événements, ou, plus modestement, comment nous préparer à intervenir.

— Si je comprends bien, reprend le jeune Bolivien – court sur pattes, cheveux noir corbeau, visage glabre –, tu reconnais que, pour le moment, les événements marchent sans nous, en dehors de nous, malgré nous ?

— Pour le moment oui, admet le vieux. C'est important de le savoir pour ne pas se lancer dans n'importe quelle aventure, au bénéfice de l'un ou de l'autre camp.

— Dormir, alors ? insiste le Bolivien.

— Sûrement pas. Être bien éveillés au contraire, et surtout ne pas se griser de mots. Il y a une guerre sociale que nous ne cessons pas de mener, à commencer par le pays où les hasards de la naissance ou de la vie nous ont placés… Si tu ne sais que faire ici, et si tu as vraiment envie d'agir, je suppose qu'il y a du boulot possible à La Paz, à Oruro, ou à Tupiza…

Quelques interventions encore, portant plutôt sur des questions pratiques. La circulation du bulletin *Socialisme et Liberté,* les liaisons avec l'Europe, l'utilisation des marins militants ou sympathisants.

Des groupes commencent à s'en aller. La réunion s'achève. Il reste à faire la vaisselle.

Ghilardi, Danton, Parrain et deux étudiants s'en vont parmi les derniers pour aller prendre l'autobus qui les ramènera au centre. À l'arrêt, ils trouvent Duque, qui habite maintenant dans une lointaine banlieue du Nord.

— Je n'ai pas pu aller jusqu'à la réunion. Un malaise. Pas grave, pas une crise. J'ai dormi dans un pré. Je n'aurais pas pu faire le kilomètre qui restait pour vous rejoindre. Comment cela s'est-il passé ?

Le peintre résume puis donne le ton :

— Il y avait un peu d'amertume et de mélancolie vers la fin. Attendre n'est pas stimulant.

Un des étudiants en médecine de la faculté de Buenos Aires, mais qui habite Rosario, s'étonne :

— À l'Université, il n'y a pas de découragement. On discute et on s'informe beaucoup. Des tracts sont souvent distribués, des publications aussi.

— Sans doute, seulement c'est de la discussion d'idées. Cela ne va pas très loin et ce remue-ménage intellectuel ne pèse pas sur les événements.

— Pas confiance dans les intellectuels ?

— Ni plus ni moins qu'en des militants ouvriers, sur le plan individuel. Ce qui est important, c'est de savoir, c'est que vous sachiez, que sans mouvement ouvrier votre agitation peut déboucher sur n'importe quoi, y compris sur la formation d'une nouvelle classe dominante. Ce n'est pas le vocabulaire qui compte, c'est la fonction sociale.

— Tu connais pourtant les réalisations des services de la médecine sociale en Uruguay, la création de polycliniques pratiquement gratuites, le rôle du syndicat des médecins. C'est une initiative bien à nous.

— Vrai. C'est du bon boulot. Mais il ne faut pas oublier que le mouvement ouvrier existe en Uruguay, et qu'il est moteur. Sans lui, sans sa pression, et sans le maintien d'une volonté de transformation sociale, ces initiatives prendraient un tout autre sens.

L'autobus arrive, bondé évidemment. En jouant des épaules et des fesses, Ghilardi parvient à creuser une place pour Duque. Les autres s'installent tant bien que mal sur le marchepied, cramponnés à la main courante.

Le groupe se défait au long du trajet. Danton et Parrain accompagnent Duque à la gare.

— La réponse du copain de *La Protesta* au Bolivien, au sujet du meilleur endroit pour militer, tu l'as prise aussi pour toi ? demande Duque à Parrain.

— Indirectement, oui. Tu penses de même ?

— Je ne peux pas penser pour les autres. Ce que je crois, c'est que le militant, s'il le peut – et il y a bien des circonstances dans la vie qui peuvent l'en empêcher – doit avoir des racines. Dans un métier, dans une région. Il faut qu'il puisse avoir raison, non par raisonnement seulement, mais aussi dans les faits, dans la vie quotidienne. Ce n'est que de cette façon qu'il peut sans cesse vérifier le contenu des mots qu'il prononce.

— Cela veut dire que je devrais être au Chili, plutôt que de sortir un bulletin à Buenos Aires ?

— Tu peux éditer ton bulletin à Santiago aussi bien qu'ici. En plus, tu seras dans le mouvement et non à côté. Tu pourras prendre des risques que tu ne peux raisonnablement envisager ici.

Le train est là. Tirant sur les barres d'acier, poussé par les amis, Duque se hisse jusqu'à la plate-forme. Il en a encore pour une heure de trajet, debout, crispé sur ses douleurs.

Le lendemain, à l'atelier, les heures passent vite, à ruminer sans cesse les grands projets et les petits moyens. Le genre de travail aide : il s'agit de chanfreiner des milliers de pièces. L'automatisme devient total. On peut penser. C'est même la constante gymnastique des bras qui permet de penser.

L'Angleterre n'est pas envahie. Les États-Unis semblent glisser vers l'intervention. Des cohortes de Tchèques, de Polonais, de Français, d'autant plus patriotes qu'ils sont sans patrie, se retrouvent sur le sol anglais. Un milieu sans doute difficile, mais fluide. Un bric-à-brac dans lequel des éléments sont sans doute disponibles.

Au casse-croûte, sans qu'ils aient à présenter une argumentation, Danton et Parrain ont parlé de leurs projets, comme s'ils s'étaient concertés. La seule question qui les préoccupe, c'est de laisser un noyau actif et sûr à Buenos Aires pour assurer la continuité du travail de liaison internationale. Duque et Ghilardi leur paraissent les plus solides, capables de tenir même si tout va mal et de prendre des initiatives si une déchirure se présente dans le ciel bas.

Danton ira au comité France libre. Parrain cherchera les moyens de parcourir ce qui reste de route pour arriver à Santiago.

Les sempiternels problèmes se reposent : documents et argent. Non plus, cette fois, pour se couvrir du côté des autorités, sinon pour voyager dans les règles. Parrain obtient sans difficulté une sorte de laissez-passer de la part de son consul, lequel hausse les épaules quand le cas lui est exposé : aller au Chili ou en venir, avec ou sans papiers, ne lui semble pas mériter une attention particulière.

C'est moins simple pour Danton. Il est tiré d'affaire par un des patrons, un Français qui se veut gaulliste bien qu'il ait embauché quelques ouvriers allemands qui ne cachent pas leurs sympathies pour le régime hitlérien, et qu'il se fasse tirer l'oreille pour cracher à la caisse du comité de la France libre de Buenos Aires. Mais l'idée d'aider un volontaire à rallier Londres lui plaît, l'enchante. Il se porte garant du patriotisme du candidat, de sa volonté de reprendre le combat. Il est même disposé à se rappeler qu'il connaît une famille Véron – c'est le nom que Danton utilise – dans la région de Roubaix. Il autorise son poulain à prendre une journée pour aller passer la visite médicale chez un toubib ronchonnant et aller jurer fidélité à la France – sur la Bible – au consulat anglais.

La recherche de quelques billets prend plusieurs semaines. Les copains argentins sont tous désargentés et, par ailleurs, les deux candidats au voyage tiennent à se débrouiller par leurs propres moyens. Bianchi est hors de portée. Une brève discussion avec des membres des anciennes équipes d'action les a laissés sur leur faim :

— Jusqu'en 1930, nous étions techniquement supérieurs, en armement, à la police. Depuis, les portes blindées, les fermetures électriques, les camionnettes radio, les pistolets-mitrailleurs nous ont relégués au niveau de l'amateurisme. Monter une opération dans ces conditions exigerait un capital que nous ne possédons pas.

Du côté des individualistes, parmi lesquels nombre de Français, l'esprit « en dehors » les a conduits à une sorte de vie marginale, plus proche de l'existence petite-bourgeoise que de la permanente aventure. Seule la motivation individuelle, une certaine fierté toute intérieure de ne pas avoir été dupe, les différencient. Et aussi, si l'occasion se présentait, une solidarité effective envers le copain de passage, avec lequel le langage commun reprenait automatiquement sa valeur. Ainsi, chez un couple qui se maintient en effectuant des travaux de bijouterie à domicile, plusieurs clandestins ont pu se refaire une identité acceptable, grâce aux talents de l'homme qui excelle à fournir des photos où apparaissent les chiffres des services d'identification, nets mais diversement ombrés comme sont les numéros authentiques ; et grâce aussi à l'habileté de sa compagne, experte dans le blanchiment puis le remplissage du « carnet ». Ils font cela sans se faire prier ni payer, offrant par-dessus le marché de partager leur repas, heureux d'appartenir à la famille...

D'autres encore, revenus du Paraguay et de leurs illusions, qui racontent leurs aventures avec philosophie :

— Tu entends des gémissements dans la forêt, tu t'y précipites, la machette à la main. Ce sont des singes hurleurs...

— Dans mon coin, les hommes à cheval se saluaient en posant la main sur le pistolet. Pour le cas où…

Ils sont quelques dizaines de couples, lovés dans leurs habitudes qui ne sont pas celles du commun, encore qu'elles n'aient rien de provoquant. La plupart se connaissent, se voient par intervalles, sans jamais former une communauté. Par des cheminements divers, ils connaissent et suivent, aux quatre coins du continent, d'autres marginaux marqués par le même goût de l'évasion, de l'illégalisme tranquille.

Le départ est pour demain. Danton et Parrain passent une dernière soirée ensemble, à bouffer, bien entendu.

— C'est un rite, dit le Belge. Tu remarqueras que, malgré nos prétentions à l'originalité, nous n'échappons pas aux grandes lois naturelles. Tout événement, qu'il soit néfaste ou prometteur, est automatiquement doublé par l'homme d'un engloutissement de victuailles et de boissons, si possible alcoolisées. Et s'il y avait un claque acceptable dans cette foutue ville, nous y terminerions à coup sûr la nuit.

— Vrai ! Quand un copain part pour une aventure risquée, ou qu'il en revient, la cérémonie se déroule comme si elle allait de soi. Sauf qu'ici, comme tu dis, les femmes sont plutôt hors de portée. Pour ma part, je compte me rattraper au Chili, où les mœurs siciliennes et andalouses n'ont pas pénétré. Huit mois d'abstinence, c'est un bail… Encore, toi, tu as trouvé chaussure à ton pied.

— Un sabot. La grande bringue du restaurant végétarien était de marbre et ne m'accordait ses faveurs que suivant une hygiène bimensuelle. Pour mon bien, disait-elle.

Ils en reviennent aux relents religieux perceptibles dans le mouvement, dans les locaux, dans les publications. Ils énumèrent alternativement : les femmes nues brisant des chaînes, le soleil levant, les drapeaux que l'on sort, que l'on porte et pour lesquels on se bat, l'habitude de choisir des lieux de réunion dans des coins obscurs, des caves de préférence, le culte des martyrs, l'attirance de la mort.

— Du premier groupe auquel j'ai appartenu, dit Danton, trois se sont suicidés. Nous étions cinq qui n'avions pas vingt ans. Un ouvrier boulanger, un étudiant en médecine, un petit typographe.

— Ce n'est pas la même chose. Ceux-là ne se sont pas servis du mouvement comme moyen d'en finir. Ils ont dû se rendre compte que même le mouvement ne leur donnait pas l'équilibre qu'ils cherchaient. En Espagne, beaucoup sont venus se jeter dans la fournaise pour mourir proprement.

— Sans doute. Mes copains n'ont pu résister à l'absurde, que notre manière de raisonner leur avait rendu évident. L'énormité de l'absurde social et la dimension minuscule, ridicule, de leurs possibilités. Probable que le mouvement ne se présentait pas comme une solution acceptable. C'est quand même en définitive la désillusion provoquée par le mouvement qui les a conduits à se foutre à l'eau ou à se tirer une balle dans la tête.

— Ceux qui venaient se faire buter sur le front voulaient trouver une issue à leurs problèmes, tout en rendant service au mouvement. Ça fait une différence.

— Poussons pas trop. On rentrerait facilement dans les thèmes religieux...

Ils restaient seuls, maintenant, dans la salle du restaurant où le garçon chiffonnait les nappes de papier, vidait les cendriers et portait les dernières assiettes à la plonge.

Danton se levait tôt le lendemain, pour achever ses derniers jours à l'atelier. Ils rentrèrent à pied, en se promenant, déjà séparés.

Parrain dort aussitôt couché. Danton rêvasse, les yeux ouverts. Bientôt l'Europe, l'Angleterre du moins, avec les noyaux de Londres et de Glasgow, plus les résidus des ultimes défaites. Ou alors, puisque les armées ont des règles, un destin africain ou asiatique, dans un milieu étrange où il faudra repérer les hommes un à un, avec prudence, suivant des détours de langage. De la chasse. Compliquée par le fait que le chasseur pourra facilement devenir gibier. Intéressant.

CHAPITRE HUIT

Vers la Cordillère, septembre 1940

L E TRAIN EST LÀ, bourdonnant de conversations, avec des allées et venues dans le couloir, des paniers qui encombrent, dans les filets, sous les banquettes. Un gros rougeaud organise une loterie, avec un poulet vivant comme gros lot et des sachets de caramels pour prix de consolation.

Parrain trouve un coin, cale sa valise de carton entre deux coffres. Il repasse mentalement le contenu de la lettre arrivée le matin et qu'il a laissée à la pension pour que Danton puisse la lire et y répondre.

C'est une lettre de Casablanca. Mario est arrivé jusqu'au Maroc et il compte bien ne pas y faire de vieux os. Il cherche un bateau, pour le compte d'un groupe de républicains italiens restés en carafe. En quelques lignes, il a résumé ses dernières aventures. Au camp d'internement, il a craché son venin aux membres de la commission italienne venue enquêter. Du coup, le commandant du camp, qui n'avait soufflé mot, l'a pris en considération. À la veille du retour de la commission italienne, munie cette fois des pleins pouvoirs, il a été averti qu'il serait probablement livré. Il a fait le mur, ou plutôt les barbelés, la nuit même. À Marseille, une première tentative pour embarquer sur un bateau à destination d'Alger a raté. Tribunal, prison, puis nouveau camp. Évadé une deuxième fois, il a pu s'embarquer, rejoindre Alger où la police lui a mis le grappin dessus. Mais miracle, le juge a semblé comprendre sa situation et l'a relaxé. Le voilà maintenant travaillant dans le bâtiment pour subsister en attendant l'occasion de pousser plus loin, outre-Atlantique si possible. Dans le Sud, des camps de travail sont peuplés d'Espagnols républicains qui n'ont pas voulu s'enrôler dans la Légion.

Une lettre qui fait du bien. Le train roule maintenant. Bientôt la plaine. Une fine poussière jaune pénètre par les fenêtres ouvertes. Les voyageurs circulent sans cesse, s'interpellent. Les sacs et les paniers sont partout ouverts et tout le monde mange. Le gros lance une nouvelle loterie.

Les heures passent, des bourrasques de cris et de discussions succédant à des somnolences générales. Il fait plutôt froid. Les fenêtres closes maintenant et les portes qui ne s'ouvrent que pour les vendeurs de fruits, de gâteaux secs et de limonades, laissent pourtant filtrer une farine jaunâtre que le convoi soulève. Pampas de tous genres, vertes, herbeuses, sèches, caillouteuses. De rares haltes, avec l'assaut des marchands de casse-croûte.

Chacun est désormais organisé et a trouvé une position supportable après une longue et délicate mise en place des fesses, des coudes et des jambes. Tout mouvement démolirait l'harmonie ; aussi plus personne ne bouge, jusqu'au moment où la crampe oblige l'un des huit occupants du compartiment à ruiner l'équilibre né du désordre, provoquant un concert de soupirs, de jurons et de malédictions. Mais la fatigue, les estomacs brouillés limitent les affrontements.

La nuit vient, avec un ciel d'un bleu intense, piqué d'étoiles d'argent et d'or que seuls admirent, appuyés ou accrochés à la barre d'appui, Parrain et un petit garçon dont le nez est orné d'une grosse morve qui monte et descend en suivant la respiration.

Des heures encore à travers la plaine infinie. Il fait jour quand les voyageurs harassés, jambes flageolantes et mines défaites, ahuris et frileux, débarquent à Mendoza. Il fait froid.

À Mendoza, une ville quadrillée bien sûr, mais avec quelque relief, des églises, des monuments, des arbres, des ruines même, ce qui lui donne une épaisseur d'histoire, Parrain possède une adresse. Commence alors, à petits pas hésitants, puis à grandes enjambées quand l'itinéraire se dégage des explications fournies par les passants interrogés, la marche vers la ville haute. L'homme habite une petite maison carrée, faite d'adobes, avec un toit de pierres plates. Une solide matrone introduit le visiteur : « Oui, Juan est là. »

Juan est petit, trapu. Il est en train de boire un grand bol de lait et ses yeux, ronds et noirs comme des cerises, lorgnent par-dessus :

— Installe-toi. Dors si tu veux. Il y a de quoi manger. Quand tu seras reposé, nous irons causer avec les chauffeurs, puisque tu veux passer. Ça se présente mal ; les cols sont encore bouchés et il a neigé en montagne cette nuit. On va voir.

Il connaît bien la montagne pour y avoir travaillé comme ouvrier des voies de chemin de fer, puis comme cantonnier.

— Maintenant, je fais des réparations dans le bâtiment et – rajouté dans un sourire – un peu de contrebande, en belle saison.

La grande pièce sert de cuisine, de salle à manger et de chambre à coucher. Pas de meubles, à part une table immense et deux bancs qui la flanquent. Aux murs pendent des tresses d'oignons, des piments secs et des saucisses.

— Ça sent le Chili chez toi, remarque Parrain.

— Oh ! tu sais, je suis *cuyano* [1]. La compagne aussi. Alors… d'un côté ou de l'autre de la Cordillère… La montagne sépare et unit. Le vrai lien, c'est le vin. C'est-à-dire une certaine gaieté, une façon de vivre.

» Pour dire vrai, il n'y a pas de groupe à Mendoza. Les camarades sont assez nombreux, mais mobiles. Ce sont pour la plupart des camionneurs, ou alors des travailleurs saisonniers, qui viennent pour la moisson ou les vendanges. Alors, je sers de point fixe, pour ceux qui viennent du Chili ou pour ceux qui y vont. Tu as mal choisi ton moment. Ni train, ni taxi. Peut-être des camions. »

I. De la province de Cuyo, frontière avec le Chili.

Il doit avoir dans les quarante ans. Des cheveux fri-
sottants avec de courtes mèches folles. Il remue sans
cesse, montre sa planchette à livres, offre pain et sau-
cisson, va à la porte pour observer le ciel. La femme
vaque à ses propres affaires, épluche des légumes,
active un feu de charbon de bois, prépare une soupe.

— Tu dois être fatigué. Dors deux heures, je te
réveillerai pour le repas. Nous sortirons après. Moi, je
vais aller voir les chauffeurs.

Il y a un lit de sangles dans un angle. Parrain s'y
étend et s'endort aussitôt.

Quand il ouvre les yeux, Juan est debout près de la
table, à le regarder.

— Ça va mieux ? Tu te coucheras de bonne heure
ce soir car il faudra se lever tôt demain. Il y a un
convoi de cinquante camions à vaches qui se prépare.
Un gars te prendra avec lui. Nous le verrons ce soir.
Pour l'instant, viens bouffer.

Il y a de la soupe et un poulet coupé en morceaux,
sauté à l'huile avec de l'ail et des piments. Du gros vin
rouge que Juan verse en abondance dans des verres qui
ont dû être des pots à confitures. La femme boit autant
que l'homme. Tout est sur la table et chacun se sert et
se ressert. Les trois fument un curieux tabac noir que
Juan assure venir du Brésil, roulé en grosses cigarettes.

La femme, Rosario, est plutôt grosse, mais les traits
du visage sont fins, les mains nerveuses. Ses dents
blanches contrastent avec son teint basané. Deux ou
trois questions posées pertinemment au cours de la
conversation montrent qu'elle suit de près les activités
de l'homme, et qu'elle a les siennes. Un bel attelage.

— Si tu es en forme, nous irons voir un autre Juan, un copain espagnol qui cultive un lopin pas loin d'ici. Tu verras, il est bien.

L'autre Juan vit avec une métisse de la frontière bolivienne. Il est sobre de paroles, un peu renfermé, avec l'air de vivre de souvenirs. Un grand diable sec, un nez fort marquant une figure osseuse, des mains dures.

— Je ne suis plus dans la course. Ou plutôt, la course ne passe pas par ici. Moi, je ne bougerai plus d'ici, et il faudrait que ça remue dans le coin pour raccrocher. Ça s'est trouvé comme ça. J'ai commencé jeune, avec Durruti, pour l'histoire de la banque de Gijón [1]. J'avais plutôt peur, au point de bégayer du revolver. Et puis, après une cavalcade où les flics semblaient galoper plus vite que nous, je me suis retrouvé à Cadix. De là à Buenos Aires. Le travail du moissonneur m'a amené par étapes jusqu'à Mendoza. Voilà l'histoire, et elle s'est arrêtée. Note que j'ai toujours le carnet confédéral. Je me suis rattaché à la locale de Buenos Aires.

---

1. Le 1er septembre 1923, Buenaventura Durruti et des militants du groupe « Los Solidarios » attaquent la succursale de la Banque d'Espagne à Gijón. Ils emportent un butin considérable, destiné à financer les activités de la CNT en butte à la répression étatique et patronale, malgré l'intervention de la Guardia Civil et une fusillade nourrie. Eusebio Brau est tué par la police tandis que Torres Escartín est arrêté, passé à tabac et incarcéré. À la suite de cette affaire, Durruti et plusieurs de ses camarades sont contraints à l'exil, d'abord en France, ensuite dans plusieurs pays d'Amérique latine où ce dernier poursuit ses actions d'expropriation en faveur du mouvement libertaire. En 1933, il résume ses principes sur ce point en disant : « Banditisme, non ! expropriation collective, oui ! ». (Lire Abel Paz, *Durruti : un anarchiste espagnol*, Quai Voltaire, 1993.)

En redescendant vers la ville, Juan résume :

— Il est sûr. Pas question de le faire militer pour les choses de routine. Il sera disponible pour une affaire importante.

Arrivés sur une avenue bordée d'arbres dont les troncs ressemblent à des bouteilles galbées, surmontés d'un parapluie de minces branches et de feuilles légères, il explique mieux :

— La fille lui est dévouée mais le veut tout entier, y compris ses pensées. Elle rêve de l'amener vers sa famille, au nord de Jujuy, comme un trésor qu'elle pourrait montrer. Elle lui vante la vie simple qu'on mène dans son coin, elle le soigne avec des herbes quand il est malade. Peut-être lui flanque-t-elle la colique pour lui faire mieux apprécier ensuite la bonté de ses plantes. Il sait tout cela. Il ne la suivra que quand il sera vieux. Jusque-là, il rigole intérieurement. Faut dire qu'ils s'entendent bien au plumard.

— Elle doit te détester ?

— Non. Je fais partie d'un monde qu'elle voudrait ignorer. Le monde de la ville, des livres, des complications avec les gens, des voitures, du commerce. Tout ça l'embête. Ramener son Tarzan à son mode de vie, c'est ça qui compte.

Le débit de vins où ils trouvent leur chauffeur ne paie pas de mine. Des murs noirs de fumée et de suie, un comptoir de bois, quatre tables branlantes et des chaises dont les pièces d'origine doivent être rares. Une odeur de tabac et de vinasse attaque les narines dès la porte poussée. Là-dedans, une quinzaine d'hommes discutent fort, un *bolichero*, un tenancier sert des pots de vin et trempe les verres dans une cuvette d'eau déjà rougie.

Un petit gars s'est levé et vient vers Juan. Il porte deux ou trois chandails de laine et une écharpe dépasse de la poche de sa veste. Il tient à la main une casquette genre passe-montagne. Volubile, nerveux, il n'arrête pas de se gratter les oreilles, le nez ou les fesses.

— C'est lui, le client ?

— C'est lui.

— Bon, pas de problèmes. Il y a un convoi de cinquante camions qui se monte ; ça fera cent cinquante bêtes pour Punta-Vaca. Rien n'est tombé cette nuit ; on aura sans doute de la glace, mais on passera. À cinq heures demain, cinq heures sonnantes. Mets-toi tout ce que tu peux sur le dos : il fera froid.

Pas de discussion, ni d'arrangement. C'est fait. On boit un coup dans des verres gras.

Se grattant toujours, mobile, impatient, le chauffeur est déjà à la porte :

— Faut que je jette un coup d'œil sur le moteur et les pneus. Ce ne sera pas de la rigolade. À cinq heures, gars. À cinq heures. Je serai en tête.

— Sérieux ? demande Parrain à Juan.

— Dingue, tu veux dire. Mais de parole. Vous vous arrêterez sans doute vers deux heures chez Manolo, avant le col. C'est une halte habituelle. Si tu as de quoi, paye la croûte. Il ne te demandera rien, note bien, mais ça ne l'empêchera pas d'apprécier. C'est bon pour les suivants.

Malgré la bonne résolution de se coucher tôt, le repas puis la discussion sur la situation mendocine[1] se prolongèrent jusqu'à minuit passé. Il y avait un syndicat de garçons de cafés et de restaurants adhérant à la FORA, un syndicat autonome du bâtiment, un groupe appréciable de chauffeurs, des éléments de liaison avec San Juan Santiago del Estero, Tucumán, la Bolivie. Chez les ouvriers agricoles, les traces des propagandes passées subsistaient. À mesure que Juan parlait, énumérait des endroits, citait des noms, l'apparent vide organisationnel se peuplait.

Parrain dormit peu et mal, allongé sur un matelas de foin. Un bol de café bouillant l'attendait, avec du pain de maïs. Un casse-croûte, enveloppé dans un papier de boucherie, était posé sur la valise. Rosario et Juan se sont recouchés et, à demi endormis, s'excusent, lui disent adieu et bon voyage.

Les camions sont en file indienne, trois vaches en travers sur chaque plancher, baveuses et secouées de frissons.

Le gratte-fesses est là, emmailloté dans ses laines :

— Le convoi ne part pas. Nous ne serons que cinq à prendre la route. Tu viens quand même ?

Son camion ne paie pas de mine. Le moteur est à l'air, un seul côté de la cabine est protégé par une vitre, des ridelles brisées ont été rafistolées avec du fil

---

1. C'est-à-dire de la ville et de la province de Mendoza. Cette dernière est une riche région agricole où l'on cultive la vigne depuis la fin du XIXe siècle. Elle se situe sur le contrefort oriental des Andes et sur l'axe routier en direction du Chili.

de fer. Seul le chauffeur – et son bagout – donnent l'impression de l'optimisme. Il appelle :

— Pedrooo !

Un garçon haut comme trois pommes surgit d'une encoignure. Tout est glacé quand ils prennent place à l'avant : le cuir de la banquette, les tôles, les leviers.

— Alors, on file ? Deux camions sont déjà partis. On va les rattraper.

Le nerveux est au volant, le jeunot à gauche. Parrain, ramassé sur lui-même, les mains croisées sous les aisselles, les pieds gelés, au milieu.

La route est droite et file sans hésitation sur la Cordillère. Une route tôlée, toute en ondulations, qui fait tressauter le camion :

— Des troncs d'arbre, explique le chauffeur. C'est solide, mais ça secoue.

Le vent s'engouffre par la fenêtre droite sans vitre. Au bout d'une heure, une première courbe et l'ascension commence. Il n'y a encore de neige que par paquets, sur les côtés, dans les creux. Des trous énormes font fréquemment bondir le véhicule. Le chauffeur a la poigne solide et agile du professionnel ; ses tics ont disparu, il fait corps avec le volant, prend ses virages en souplesse. Sa faconde a fait place à des sortes de grognements. L'aide somnole, calé dans son coin, les genoux au menton.

Peu à peu la neige blanchit la route et des plaques de verglas apparaissent.

— Je n'ai pas de chaînes, dit le chauffeur, comme s'il parlait à lui-même. Ni plainte, ni excuse, ni regret. Mais tant que ça monte, ajoute-t-il, toujours pour lui.

Voilà que ça descend. Les pneus patinent. Des zig-zags et de délicats petits coups de frein.

— Pedro !

Le môme est déjà à terre, laissant la portière ouverte. Il fonce à l'arrière, dégage une pelle, plonge dans une caisse pleine de cendres et d'escarbilles, court à l'avant, étale ses croûtes devant les roues, sort une, puis deux pierres de la cabine, les coince sous les pneus. Le chauffeur braque sur place. Les pierres sont enlevées. Le camion repart lentement, le petit remonte en voltige, claque la portière. Et deux cents mètres plus loin :

— Pedro !

L'opération recommence. Pendant deux heures, inlassablement, courbe après courbe, descente après montée, le jeu se poursuit. Le petit, malgré le froid, est en nage.

— Regarde ! dit tout à coup le chauffeur, s'adressant cette fois à son voisin.

À trois cents mètres en contrebas, au fond d'un ravin blanc, il lui signale un camion retourné, pattes en l'air.

— Ça fait probablement plusieurs jours. Il semble avoir neigé pas mal dessus, et il n'y a pas de rapaces.

Tout est blanc, avec de temps à autre des parois lisses, brunes ou ocres. Au loin, des barrières bleutées. Parfois, au-dessous, la voie du chemin de fer recouverte et une entrée de tunnel bloquée par une congère. Un silence total. Même les vaches ont l'air congelées, à part leurs gros yeux tristes.

La montée se poursuit. S'il est long, le voyage n'est pas monotone, avec les pièges qui surgissent d'un tournant, d'une glissade, d'une reprise difficile, de creux traîtres masqués par des paquets de neige. Au détour d'un pic subitement apparu, le nerveux quitte la route, le camion brinqueballe cent mètres dans une sorte de combe sombre et s'arrête pile devant une masure de grosses pierres. Une plate-forme s'étend devant elle, avec un fouillis de plantes et d'herbes desséchées, brunâtres, comme cuites. Pas une trace de neige. C'est la halte de Manolo.

Une boule de graisse, le Manolo, mais qui roule sans cesse.

— Pas grand monde sur la route, dit-il en accueillant le trio.

Il n'y a pas de porte, seulement une ouverture carrée. Deux hommes sont près de la cheminée où flambent et craquent des rondins. Ils lèvent à peine les yeux pour voir arriver les nouveaux. De leur couteau à manche court et à lame longue, ils découpent des tranches de mouton cuit à la broche en plein milieu de l'âtre.

— Pour faire froid, il fait froid, dit Manolo. Il y a du puma dans le coin.

Ils sont six maintenant, à manger et à lamper des grands coups de vin, qui dans des verres, qui dans de petites casseroles qu'ils remplissent en les plongeant dans une sorte de demi-tonneau.

Quelques phrases échangées informent sur la situation de la route. Deux camions sont déjà passés. Un autre s'est écrasé.

— Bêtement, dit l'un des hommes. Le chauffeur devait être engourdi et dormir au volant, car là où il a quitté la route, tout est net.

— C'est Diego, dit un autre. Il devait être soûl, ou crevé. Il roulait à vide, mais sans doute avec des outres d'iode sous le plancher.

Là-dessus, tout le monde mâche. Silence.

— Vous arriverez vers les quatre heures, reprend Manolo. Le plus gros est fait.

L'air du dehors arrive par à-coups, froid, pur. Les visages sont grillés par le feu, les mains gonflent à la chaleur. Chacun boit aux casseroles qui passent et repassent. Parfois, l'un des présents jette un nom, avec une pointe d'interrogation. Un autre lui répond :

— Carlos ?

— Il est monté aux mines.

— Le boiteux ?

— Il tient un débit, près de Puente del Inca.

— Et Fernando, le grand ?

— Marié. Il fait San Juan avec du bois.

Repu, un rien lourd, somnolent, le trio repart. Parrain a payé Manolo, après un geste qui voulait tout englober.

L'ambiance et le ton ont changé. Le nerveux – il s'appelle Diego, et ce n'est qu'à la halte que son nom est sorti – conduit nonchalamment maintenant, presque accoudé sur le volant. Le petit somnole. Deux heures encore, avec quelques glissades et, inattendu, un court parcours dans le brouillard.

— On arrive, annonce Diego.

C'est Punta-Vaca, c'est-à-dire presque rien, sinon des barrières, des *corrales*, avec quelques baraquements et deux ou trois camions groupés.

— Toi, tu as fini. La gare est proche. Tu as un train dans un quart d'heure et tu arrives encore ce soir à Santiago. Moi, il faut que je livre.

C'est fini. Une poignée de main et Parrain part, la valise à la main.

Il y a la police de la frontière, le billet, et puis le train à trois wagons, bien fatigués. Presque personne. Dès qu'il est assis, Parrain s'endort.

CHAPITRE NEUF

Santiago, novembre 1940

C'EST FOU CE QU'IL Y A comme monde. Tout d'abord Albert, avec Mimi et la môme. Déjà installés. Une maison basse, sans étage, en plein quartier de l'abattoir. Des pièces grandes, et une cour avec des bordures de plantes.

Et puis une tripotée d'Espagnols, eux aussi adaptés. Plus des éléments disparates qui se sont rapidement reniflés et regroupés. Cela fait des équipes éparpillées mais en liaison. Et des tas de problèmes dans une atmosphère réjouie cependant, car tous ont le sentiment de l'avoir échappé belle. Des aventures multiples avec, pour eux, une fin acceptable, agréable.

Robert, un copain juif polonais, raconte :

— Nous étions trois clandestins à bord. On se fait piquer en plein Atlantique. Pour montrer notre bonne volonté, on offre de travailler. D'accord. Mais à New York, le capitaine ne peut faire autrement que de nous livrer. Normal. Le plus beau, c'est Ellis Island, là où les illégaux sont placés sous surveillance. Imagine-toi que le flic qui me conduisait vers ma cellule me demande si je veux manger kascher ou bien comme tout le monde. J'ai cru qu'il se foutait de moi. Mais non, c'était comme ça. Il y avait des gars qui rêvaient de rester en taule. Tu comprends, ils avaient la radio, ils bouffaient bien, ils pouvaient travailler sur des machines à coudre et percevoir un salaire. Un petit paradis, quoi !

Albert n'a pas eu la même chance :

— Le cargo était sinistre. Rien que des sales cons à bord. J'étais crevé par le travail de chauffeur. Je rêvais de pression même en dormant. On bouffait mal et il fallait en plus se bagarrer avec les autres, à coups de poing ou de pelle. Arrivé à quai, à New York, pas question de faire la valise normalement. C'est en tenue de travail que j'ai dû m'éclipser. Il faisait un froid épouvantable. Pas d'adresse sur moi, pas un sou. Je me rappelais vaguement les coordonnées des Sociedades Hispanas Confederadas, mais va te faire foutre pour te retrouver dans ces rues qui ne portent que des numéros. J'ai traîné comme ça deux jours, frigorifié, affamé, avec une peur bleue de me faire piquer par les flics. Finalement, je tombe sur le local, qui était en étage. Là, personne ne veut me connaître. J'avais tout du clodo, je n'arrivais plus à m'expliquer. Heureusement, au moment où j'allais être mis à la porte, après une tasse de thé, alors que j'aurais bouffé un pot au feu avec l'os à moelle, entre un vieux copain avec qui nous avions fait les quatre cents coups. Le miracle. J'ai dormi là, bordé d'excuses. Le lendemain, j'étais sapé comme un milord, j'avais des sous et je rotais d'aise.

Plusieurs sont arrivés en passant par Cuba et Saint-Domingue, après de sombres opérations d'affidavits, de graissage de pattes consulaires, d'intermédiaires avides. L'accueil au Chili a été plus simple, correct, parfois chaleureux.

Arnal, qui vient voir ce qui se passe et aussi ce qu'il peut tirer de cet afflux de militants, résume la situation devant une douzaine de copains réunis dans le patio de Robert :

— Le Front populaire, ici, est surtout marqué par les radicaux. Ils ont fait passer une série de lois et de règlements qui avantagent fonctionnaires et employés, leur grosse clientèle. Les communistes ont monté la combinaison du point de vue électoral, mais ils ne dominent pas la situation. Ils se bornent à placer leurs gens et à jouir d'un certain nombre de franchises. Les socialistes ont eux aussi introduit leurs hommes dans un tas de services publics. Ce qui m'inquiète, ce n'est pas tant la perspective de voir cette construction s'effriter, avant de s'écrouler aux prochaines élections, c'est que tout le monde pousse à la création d'organismes d'État, pour la production, pour les problèmes sociaux, pour tout. Cela, la droite ne le détruira pas. La tendance générale est d'attendre tout de l'État.

— Qu'est-ce qu'il reste du mouvement ? demande Robert.

— Ta question est cruelle. Il reste, comme tu dis, le bâtiment, surtout les plâtriers, les peintres et les maçons, et pas seulement à Santiago mais aussi à Chillán, à

Talca. Les ouvriers du livre aussi. Plus les Cuirs &
Peaux. Et en partie, les ouvriers du port et les marins.

— Le cuivre ? Les nitrates ? Le textile ? insiste Robert.

— Là tu touches le problème. Laissez-moi vous
expliquer. Où le mouvement réussit-il, où se main-
tient-il, où joue-t-il un rôle ? Dans deux secteurs : chez
ceux qui arrivent de province et s'installent en ville,
qui sont désemparés et cherchent l'organisation qui les
sortira de leur isolement. Ce sont les gars sans métier
et sans défense. Ceux-là viennent à nous parce que
nous les groupons et que nous leur disons qu'ils sont
des hommes avec leur dignité, leurs responsabilités et
leurs droits. Ce sont des troupes de combat, mais qui
se renouvellent sans cesse et changent de contenu à
mesure que les nouveaux s'adaptent, trouvent un
boulot stable.

» L'autre secteur, ce sont les professionnels, les
ouvriers de métier, avec une tradition, une expérience.
Ceux-là savent qu'ils ne peuvent compter que sur eux-
mêmes, et pas sur les partis ni sur les patrons. Voilà.
Ah oui, les autres questions. Pas de base dans le textile parce que ce sont de grandes boîtes où l'organisation technique relègue l'ouvrier au rang de machine
parmi d'autres machines. Là, des grèves sont possibles,
mais pas une organisation qui se bat et se manifeste
chaque jour, pas de syndicat capable de faire tourner
l'atelier ou l'usine, et d'y penser. Le cuivre, c'est encore
autre chose : c'est l'entreprise qui paie bien ses sala-
riés mais les isole. Tu n'entres pas à Chuquicamata ou
à Sewell sans laissez-passer. Il y a des gardes armés
payés par l'entreprise. Les *gringos* se remplissent la

panse, vont à la rencontre des revendications et, sur cette base, qui leur en coûte cent, ils s'en mettent mille dans la poche. Le salpêtre ? C'est fini depuis les engrais chimiques. Cette fois, c'est tout.

— Alors, c'est pas marrant comme perspective ! Le Front popu a-t-il du moins, en bloc, été un phénomène de progrès ?

— Cela dépend comment tu regardes les transformations. Si par progrès tu entends la rupture avec le passé, il y a progrès. Limité, prudent. Par exemple, pas question de réforme agraire. Personne ne touche aux grandes propriétés pour la simple raison que le parti radical, petit-bourgeois dans les grandes villes, possède des bases solides dans le Sud, chez les latifundistes. Il y a progrès pour les porteurs de cols blancs et de cravates. Et ce que je prévois, c'est qu'il y aura bientôt tant de cols blancs qu'il faudra bien que d'autres travaillent pour les entretenir. Tout le monde a l'idée de créer une classe ouvrière nombreuse. Cela aussi, c'est le progrès. Personne pourtant ne voit la classe ouvrière s'occuper de ses problèmes et des problèmes de la société. Pour ça, il y a une infinité de penseurs et de partis.

» Ce que je crains, dans une perspective immédiate, c'est que la multiplication des services sociaux, à partir des administrations ministérielles, pour répondre à des revendications que nous avons toujours défendues, ne pompe beaucoup de militants, y compris partie des nôtres.

» Les choses dépendront des affaires internationales et de leur évolution. Là, vous en connaissez plus que moi. On vous demandera un coup de main. »

Tout cela est dit avec bonne humeur. Nul ne peut douter qu'Arnal continuera, avec ou sans perspective et même, semble-t-il, avec ou sans espoir. Quand il s'en va, Robert et Parrain l'accompagnent. Ils prennent une de ces infâmes *gondólas*, ces tramways où les passagers s'entassent à ne plus pouvoir respirer et où le receveur circule à l'extérieur, en progressant sur un mince rebord, accroché d'un bras au montant des fenêtres. Il pointe sa main libre vers les resquilleurs, présente le ticket, rafle la monnaie.

— Rien de changé, tu vois, dit Arnal à Parrain. Et pourtant si. Tu verras. Toujours plus de petits-bourgeois, qui font leur révolution en douce. Un jour, leur poids sera tel qu'il provoquera la liquidation des vieux bourgeois et des propriétaires de *fincas* [1] inutiles et sans initiatives.

Ils s'en vont maintenant par la ville, en discutant. Dans la longue rue des marchands de tissus et des confectionneurs, les enseignes annoncent des noms arabes ou juifs ; les épiceries sont tenues par des Italiens.

— Pas de haine des étrangers ? questionne Parrain.

— Le sentiment général est que celui qui possède un commerce appartient à un autre monde, un monde qui n'est pas vraiment chilien. Le difficile, pour nous, c'est de distinguer, de faire distinguer entre la position sociale et la nationalité. Pour ne pas avoir à se battre contre l'Arabe mais contre le patron du textile, non pas à lutter contre le Juif ou l'Italien mais contre le spéculateur ou l'accapareur. Pour le *roto* et

---

I. Propriétés agricoles.

pour presque tout le monde, tout ça, c'est la même chose. Ils se sentent frustrés, mais cette confusion ne peut servir qu'à ceux qui rêvent de prendre la place des petits industriels ou des boutiquiers, pour faire la même chose.

Les kiosques à journaux vendent indifféremment le supplément du quotidien allemand et les revues pro-alliées. Il y a, en dépit de cet équilibre, une sympathie diffuse, populaire, envers la France et l'Angleterre. Par contre, les groupes pronazis et les associations italiennes fonctionnent suivant une certaine discipline, bien que pratiquement coupées de leurs bases européennes.

— Dans ce bordel, vous pouvez apporter un peu de clarté. La CGT, qui groupe nos syndicats, édite un canard. Prenez-le. Nous vous fournirons la matière pour les questions ouvrières et générales, vous assurerez la partie internationale. Je vous présenterai au Comité. Il n'y aura pas d'opposition si vous êtes d'accord.

Au pont du Mapocho, toujours les enfants vaga-bonds aux crânes rasés et, près du marché, toujours des groupes de *rotos* éthyliques, de putains adolescentes, toujours les couples de carabiniers aux uniformes impeccables et aux bottes bien cirées.

— À part le journal de la CGT, qu'est-ce que vous avez comme presse ?

— Une petite revue que publie dans le Nord un copain d'origine arabe. Une feuille à Talca. Des organes intermittents des syndicats. Peu de bouquins et bro-chures depuis que les copains argentins éditent moins. Les cotisations ne suffisent pas. Toute une génération – celle des années 1920 – a assuré une certaine vie intellectuelle au mouvement. Nombre de médecins, par exemple. Aujourd'hui, ils donnent encore un coup de main, mais ils ne produisent plus. Les meilleurs en sont aux trois P : *parientes, putas y pobres* – parents, putains et pauvres – et ne gagnent pas lourd. Là aussi, les Espagnols pourront nous être utiles, mais plus tard, quand ils seront enracinés. Ce que je crains, c'est qu'ils ne s'adaptent trop facilement, non à la classe ouvrière mais aux possibilités de monter des petits ateliers ou de faire du négoce.

Il les quitte maintenant, pour aller au boulot :

— J'ai un service de nuit ; ça m'est utile pour naviguer le jour.

Chapitre dix

Santiago, mars 1941

L A PREMIÈRE GRANDE ASSEMBLÉE à laquelle participent les nouveaux arrivés est caractéristique.
Un bon tiers des présents sont éméchés, ce qui ne
rend pas les discussions très claires. Les militants
paraissent se mouvoir dans une cohue, s'efforcent de
faire le tri des problèmes essentiels et des questions
personnelles. Les interventions correspondent fréquemment à un simple goût pour le discours. Ce
n'est qu'après de longues palabres que quelques vues
se dégagent : le chômage s'étend, comme consé-
quence de l'arrêt des importations. Avant que ne nais-
sent et se développent quelques petites industries de
remplacement, il se passera du temps. Les salaires
auront tendance à dégringoler. Il est à prévoir aussi
que les Nord-Américains mettront la situation à profit pour prendre la place des Européens dans tous les
secteurs des produits industriels.

Miró, du syndicat de la chaussure, et Gómez, du bâtiment, proposent de sélectionner quelques mots d'ordre clés pour lancer une campagne d'agitation pour le maintien des salaires là où les boîtes sont en difficulté, pour leur augmentation quand les matières premières sont nationales, pour l'élimination des heures supplémentaires et la répartition du travail au plus grand nombre. D'autres militants du bâtiment proposent de compléter les revendications avec un programme de lutte contre les loyers trop élevés dans les *conventillos* et la construction d'habitations à bon marché pour faire contrepoids à la tendance à l'extension des quartiers résidentiels. Certains parlent d'accaparer des terrains pour y édifier des cabanes et faire ainsi pression sur les services municipaux.

— Ils ne sont pas très beaux, constate Albert en s'adressant à Arnal.

— C'est comme ça qu'ils sont, comme ça qu'il faut les prendre et avec eux qu'il faut travailler. Dis-toi bien que c'est ce qu'il y a de meilleur, car ils ne marchent ni dans les combines électorales à base de distribution de godasses, ni dans les défilés à dix pesos le manifestant.

— Te fâche pas ! Ils ne sont quand même pas très beaux. Ils boivent trop.

— Quand tu auras travaillé dix heures comme un abruti pour un salaire qui ne te permet pas de te nourrir, ni toi, ni ta femme, ni tes gosses, et que tu auras trois mois de retard pour ton loyer, tu aimeras peut-être aussi boire un coup pour te sentir autre chose qu'une merde. Tu as vu qu'il y a encore, dans le local, des vieilles affiches de propagande anti-alcoolique, avec des foies énormes, des femmes squelettiques. C'est d'ailleurs des affiches qui venaient de France, mais je doute de leur efficacité. Le meilleur remède contre l'alcoolisme, c'est encore un bon bifteck.

— Sans doute. N'empêche que tu ne peux compter sur eux pour un travail continu. Et que les militants s'usent vite à ce régime-là. Surtout si par ailleurs ils sont sollicités. Il y a des jeunes ?

— Ne m'en parle pas. Eux, ils veulent agir, trop vite. Comme par exemple le trio qui a fait le coup de la Caisse d'épargne la semaine dernière. De l'audace ou de l'inconscience. Ils ont raflé 200 000 pesos avec des revolvers en bois. Puis ils sont venus m'offrir l'argent pour qu'il serve au mouvement. Je leur ai conseillé de le mettre eux-mêmes en lieu sûr. J'étais dans une situation impossible. J'étais convaincu que si l'un d'eux tombait, il finirait par chanter, autant par défi que par manque d'expérience. D'autre part, je ne pouvais pas me borner à les engueuler. Ni voir tout ce beau fric aller se perdre en noubas ou en conneries.

— Tu n'as pas vu passer Bianchi ?

— Non. Je ne l'ai vu ni avant ni après son affaire du Casino. La presse en a parlé. Il a réussi. Mais il doit avoir filé. Pérou ou Bolivie. Vous aurez de ses nouvelles plus vite que moi, je suppose.

En quelques mois, la plupart des arrivants se sont casés. Les uns dans les imprimeries, les autres dans des bureaux. Albert est chauffeur de camion. Deux ou trois Espagnols ont monté un atelier de cordonnerie.

Parrain a trouvé une place d'employé dans une maison d'importation.

Des habitudes se prennent. Un dimanche chez l'un, un dimanche chez l'autre, des réunions à date fixe, des bistrots où l'on est sûr de se rencontrer. Une série de soirées en fin de mois pour la confection du journal, pour retaper les textes, corriger les épreuves. Rapidement, ils se sont trouvé une compagne fixe ou des copines occasionnelles. Cela sent l'installation durable.

La correspondance se remet à circuler, avec de rares nouvelles réconfortantes pour les individus, des informations désespérantes sur les événements.

Un long rapport sur les Asturies les ramène au tragique. Il y a eu plus de 40 000 exécutions dans la région ; de petits maquis se sont créés dans les coins miniers haut perchés, moins par volonté de combat que par impossibilité de gagner la frontière.

Brève, mais non moins accablante, une note vieille de plusieurs mois, transmise de port en port, par Shanghai et San Francisco, annonce l'exécution de militants japonais qui avaient tenté de fraterniser avec des soldats chinois sur le front continental. Cela fait quelques lignes dans la publication de la CGT, avec quelques autres nouvelles internationales lourdes de sens pour quelques-uns mais à peine remarquées par la plupart des lecteurs.

Côté syndical, une équipe d'orateurs saute de chantier en *conventillo* pour marteler les mots d'ordre, créer un courant de sympathie pour la manifestation qui se prépare. Arnal se multiplie, prend un visage bouffi et des yeux pleurards par manque de sommeil. Randa, de la chaussure, en met un coup lui aussi. Des inscriptions surgissent, tracées hâtivement au goudron ou à la chaux sur les murs sales et les palissades des chantiers. Dans la presse quotidienne, de longs textes commencent à paraître, avec quelques chiffres qui mettent en évidence les difficultés économiques de la conjoncture. Ce sont des réponses à des questions non encore posées publiquement. Mais les militants s'en réjouissent. Plus grave serait le silence.

Dans quelques secteurs marginaux, la présence des activistes espagnols commence à se noter. Ils emportent la majorité au Centre catalan, pénètrent en force dans le comité du Cercle républicain. Un moment surpris, l'appareil communiste réagit, cherche une revanche, tente d'éliminer les cénétistes de quelques ateliers qu'ils contrôlent.

Pablo, un Catalan qui s'est mis à rameuter toute la colonie libertaire, cherche des alliés chez les socialistes et les trouve. Il est pourtant sceptique :

— Il faut faire vite car, inévitablement, le mal de l'émigration nous affaiblira. Ceux qui n'ont pas le virus du militant s'adapteront. Plusieurs sont d'ores et déjà sortis de la condition ouvrière ; ils penseront bientôt à devenir propriétaires, d'une maisonnette d'abord, puis achèteront des machines pour s'étendre. Ils nous fileront quelques billets pour ne pas paraître des salauds, mais ils ne se battront plus. C'est vrai pour toutes les tendances, avec la différence, chez les staliniens, de l'existence d'un appareil fixe appuyé sur la machine communiste chilienne. Il y a une équipe d'anciens des

Brigades qui forment les groupes de combat sous le couvert de sociétés sportives. Les mêmes que nous avons eu en face, à Barcelone, en mai 1937 [1].

Robert, Pablo, Parrain vivent dans une pension tenue par une amie espagnole. « Pas moyen de s'en sortir », se plaint Robert, qui n'aime pas le système lit-table. C'est pourtant une sorte de communauté, avec un va-et-vient constant, beaucoup de discussions et de rires, des airs de guitare. Lola, la patronne, admet tout : les rentrées tardives et les prises de bec à table, les visites nocturnes et le carrousel des amies, mais se met à brailler quand, sur la douzaine de bâfreurs, elle ne peut trouver deux volontaires pour essuyer la vaisselle :

— Moi aussi, j'ai des réunions ; moi aussi, j'ai un homme à visiter ; moi aussi, j'aime le cinéma. Tous à parler de liberté et d'indépendance pour le monde entier, pas un pour la rendre possible quand il s'agit d'une femme.

Le chantage réussit le plus souvent.

Milieu ou mouvement ? se demande Robert. Si le mouvement n'était que ce qu'il est, le ciment des idées et des intérêts ne tiendrait pas. S'il n'y avait que le

---

1. À Barcelone, du 2 au 6 mai 1937, des combats de rue opposent militants du POUM et de la CNT aux « forces de l'ordre » républicaines contrôlées par les staliniens. « La vraie lutte, analyse à chaud George Orwell, se déroule entre la révolution et la contre-révolution ; entre les ouvriers qui essaient désespérément de préserver un peu de ce qu'ils ont conquis en 1936 et la coalition libéralo-communiste qui réussit si bien à le leur reprendre. » Lire son article, « J'ai été témoin à Barcelone » [1937], *Agone*, 2000, n° 24, p. 153-162.

milieu, il se transformerait inévitablement en un nœud de relations personnelles. Arnal rit de ces cassements de tête. Lui ne s'est jamais tracassé pour semblables questions :

— Nous sommes des condamnés, bien contents de l'être. Au fond, une armée de solitaires, pleins d'espoir au début de la vie militante, puis rapidement écorchés, et enfin tannés par la vie. Sans que nous ayons changé. Les buts, évidemment… Mais la marche, c'est plus important. Et ici, la marche se fait dans un paysage qui vaut le coup. Tu en verras plus que dans tous tes voyages précédents, si tu veux bien regarder. Je ne parle pas seulement des montagnes que tu as sous les yeux, de la mer proche, de la campagne à portée d'autobus ; pas seulement de Santiago la clocharde, encore que cela vaille le coup. Tu ne verras pas ailleurs beaucoup de boxons où l'image de la Vierge, en compagnie du portrait du président de la République, préside aux joies du ventre et du bas-ventre. Ni de jeunes prostituées se faire leur pécule en vue du mariage et d'une existence rangée. Ni la gouaille des *rotos*, misérables et avides de vivre. Tiens, hier, au carrefour de l'Alameda et de San Antonio, face à l'église, il y avait un de ces Américains qui ressemblent à une caricature, avec un grand chapeau texan, une cravate criarde et un gros cigare ; il attendait le feu vert et regardait un *roto* et un mendiant cul de jatte. Comme il les observait avec insistance, le *roto* dit à son compère : « Tu sais ce qu'il cherche ? Nos plumes. » Et l'autre lui répond aussitôt : « Dis-lui que pour les Indiens, c'est plus au Sud. » Mais je me perds. Ce que

je voulais dire c'est qu'ici, tout est comme ailleurs,
parce que partout les hommes ont une tête et un estomac, mais que tout est quand même différent. Et si
je te dis ça bien que je n'aie jamais quitté le pays – sauf
une fois pour aller me planquer à Lima – c'est que le
vocabulaire des Européens émigrés ne colle jamais
avec ce qui se passe ici. C'est une belle occasion que
tu as d'apprendre. Comme moi j'apprends de vous.

C'est vrai que tous les nouveaux arrivés – auxquels
n'ont succédé que quelques rares rescapés, après la
première vague – se chilénisent rapidement. Ils cri-
tiquent d'abord, s'étonnent, pestent, et se retrouvent
bientôt absorbés, conquis malgré eux par le climat, le
laisser-aller, l'humour, le débraillé, la cuisine, le vin,
le goût de la polémique, le jeu des rumeurs politiques
qui complète ou remplace la grisaille des journaux.

Ce qui est également vrai, c'est que la discussion et
l'échange d'idées supplantent l'activité et l'action.
Alors qu'ils retrouvent leur vocabulaire et leur passion
lors des réunions, les émigrés politiques se comportent,
dans la vie quotidienne, en étrangers attirés par la relative facilité de monter de petites entreprises, de réaliser des négoces intéressants. Leur critique des défauts
de l'homme de la rue devient une couverture pour
leur propre détachement du combat social. Ils se ren-
contrent encore, comme rituellement, en tant que
révolutionnaires, le dimanche matin. Ils sont perdus
ou absents le reste du temps.

Le phénomène est tellement évident qu'Arnal et
Robert, qui se voient fréquemment à l'imprimerie,
finissent par en rire :

— Celui-là joindra bientôt à sa carte de militant une carte de membre du *Club de la Unión* [1], s'il y est admis… On ne saura jamais de laquelle des deux il tirera le plus de fierté.

I. Club réservé à l'élite économique.

CHAPITRE DERNIER

Santiago, juin 1941

Toujours des lettres, lues d'abord par le destinataire, généralement Parrain, puis en petit comité, et finalement récrites en forme d'articles quand elles contiennent des informations ou des analyses. L'organisation hollandaise est parvenue à mettre ses maigres fonds en sécurité aux États-Unis juste avant l'invasion. Pour l'heure, les militants s'emploient à faire vivre des comités syndicaux clandestins, à monter des systèmes de liaison entre les principales villes, à mettre à l'abri, parfois en les cloîtrant strictement, des camarades juifs. En Suède, plusieurs militants allemands et espagnols sont bloqués, sans autre possibilité que de s'adapter au pays, alors qu'ils avaient tous l'intention de passer sur le Nouveau Continent. La neutralité suédoise est totale, mais aucun des réfugiés n'a été livré et les possibilités de circuler et de s'exprimer demeurent ouvertes.

Mario est arrivé au Mexique, a repris contact avec les centres italiens des États-Unis, travaille dans le bâtiment et désespère de pouvoir jamais s'adapter à la façon de vivre des autochtones. Il écrit comme il parle, avec des jurons à chaque ligne. Il maudit le régime qui « se déclare héritier de Zapata, de Villa et de Flores Magón et agit en bureaucratie toute-puissante ». Sur place, il fréquente les quelques rescapés de la gauche socialiste révolutionnaire française, les nombreux produits de l'émigration espagnole, les minuscules fractions oppositionnelles allemandes.

Ramassé autour de sa publication – quatre pauvres pages chaque quinzaine – le noyau anglais gonfle lentement, alors que l'effort de guerre mobilise la nation, sous les bombes. La seule liaison avec la poignée de correspondants d'Australie, de Nouvelle-Zélande, ou les sympathisants mobilisés, éparpillés en Asie, au Moyen Orient ou en Afrique se fait par lettres, automatiquement lues, reproduites par photographie et transmises.

Bien que situé au bout du monde, le Chili a pourtant ressenti l'effet de l'événement. Au soir de l'annonce de l'offensive allemande contre l'Union soviétique, des groupes nombreux discutent sur l'Alameda, face au panneau d'affichage d'un quotidien et, sur la place d'Armes, la foule navigue d'un orateur à l'autre. Les propagandistes communistes sont sur les dents. Ils tentent de rallier « tous les antifascistes », s'efforçant de présenter le Pacte Ribbentrop-Molotov comme une manœuvre tactique. Libertaires et socialistes leur rappellent le partage de la Pologne, la mainmise sur les pays

baltes, le ravitaillement de la Wehrmacht. Le ton
monte, à l'échange d'arguments succèdent les insultes.
« Hier, nous étions vendus au capitalisme anglais,
demain nous serons désignés comme les alliés du
nazisme » prédit un jeune anarchiste qui donne la
réplique à un étudiant stalinien.

Robert est aux prises avec un trotskiste qui s'en tient
à « la défense inconditionnelle de l'Union soviétique » :

— Complètement délirant ! L'expérience ne te sert
donc à rien ? Il n'y a pas un an que Trotski a été assassiné par la Guépéou et tu as déjà oublié pour retourner à tes formules. Tu as peur de tenir les yeux ouverts.
Tu as besoin d'une foi. Fous le camp ! retourne à ton
Église.

Les jours qui suivent, les nouvelles tombent : l'armée allemande avance partout. L'Armée rouge paraît
avoir du mal à se ressaisir.

— Tu parles de l'enthousiasme qui doit régner chez
les Ukrainiens ou les autres minorités pour défendre
Staline, remarque Arnal. Plus les procès et les purges
qui ont dû briser l'armature militaire. Pourtant, le morceau est gros. Je me demande comment Hitler va trouver assez d'hommes pour tenir tant de fronts. L'Europe,
la Crète, l'Afrique du Nord, et maintenant la Russie…
ça fait beaucoup.

C'est bientôt l'attente du communiqué. Du côté
soviétique, il est souvent court : « Sur l'ensemble du
front, nos troupes ont combattu. »

Hors de toute logique, ils sont quelques-uns à res-
sentir une sorte de fièvre, comme si la généralisation
de la guerre devait ouvrir des perspectives, provoquer

des espoirs de cataclysmes, arracher des masques, rendre aux hommes une lucidité tragique. Pablo, Parrain, Robert, d'autres encore, se comprennent.

La date de la manifestation est fixée. Ce sera un samedi après-midi. Les bataillons fidèles des syndicats professionnels seront là. Ce qui est imprévisible, c'est l'importance de la foule qui viendra se masser derrière les drapeaux rouges et noirs et les banderoles portant les mots d'ordre. Des quartiers sont sûrs. D'autres n'ont réagi qu'avec tiédeur au martèlement des réunions publiques, des meetings éclairs, des concentrations locales.

Une dernière réunion « élargie » se tient pour préciser les détails d'organisation :

— Pas d'armes, conseille Arnal. Il y aura encadrement de carabiniers, devant et derrière le cortège, avec des piquets fixes le long du parcours. Par contre, quatre groupes pour la bagarre, si elle se produit. Deux en serre-file à l'avant, deux au centre. Le Bâtiment fermera la marche et fera sa police lui-même. Pourvu qu'il ne pleuve pas ! La dislocation se fera place d'Italie, après un court discours d'un seul orateur.

Le jeudi, un accident vient dramatiser la situation. Sur un chantier en grève, les carabiniers sont intervenus pour déloger les monteurs en charpente. Pour narguer les forces de l'ordre, deux grévistes ont grimpé jusqu'aux plus hautes poutrelles et des carabiniers, des *pacos* les y ont poursuivis. En passant d'une plate-forme à une autre, un des charpentiers en fer est tombé et s'est écrasé sur le sol. Le vendredi, toute la corporation est en grève, en signe de deuil et de protestation.

Le samedi, au courrier du matin, la première lettre de Danton arrive. Elle est datée de Durban et a mis six semaines pour parvenir à Santiago : « Pas de pot, Londres est de plus en plus loin et je n'espère pas y arriver. Il est probable que notre destin – ce pluriel correspond au groupe de Français et de Latino-Américains volontaires – est au Levant, ou plus loin encore. Nous attendons un rafiot qui nous amènera sans doute à Port-Saïd. J'en profite pour observer la faune assez curieuse des Français libres, avec ses vieux militaires de la Coloniale, ses produits des petites colonies françaises, quelques ingénieurs surpris par les événements là où ils se trouvaient en déplacement, des marins bloqués dans des ports de transit, des gars d'Action française, plus d'autres, indéfinissables, aventuriers et bourlingueurs. Difficile de voir en eux les cadres d'une armée. Pourtant il semble que, pour des coups de main, quelques équipes cataloguées « compagnies spéciales » ou comme on voudra, pourraient être créées.

» Ceux-là sont plus solides parce qu'ils marchent par conviction individuelle ou par goût de la bagarre. Ce n'est pas le cas pour les colons d'Afrique-Équatoriale française, rencontrés au Cap où ils étaient en vacances. Ceux-là parlent coton, arachide et pensions non payées. Je n'arrive pas à comprendre comment, avec des zigotos de cette mentalité, l'Afrique-Équatoriale française a rallié le camp gaulliste. Dans la pagaille générale, sans doute les plus culottés l'ont-ils emporté. Difficile de s'y retrouver car la presse ne fournit que des communiqués et des discours sur la civilisation en péril.

» Le Cap, où nous avons débarqué, groupe des troupes en transit. Des Australiens, des Malais, des Hindous, des Noirs. Un grand tohu-bohu que l'on sent pourtant dirigé à partir d'un QG, avec des bêtises énormes, des coups de gueule, des pépins, mais aussi une volonté, une ténacité, un esprit de combat jusqu'au-boutiste. Ici, on sent que Hitler ne tient qu'un petit bout du monde.

» Les habitudes sud-africaines en sont affectées, du moins là où les règles ne peuvent être appliquées, parce que la foule de passage s'en moque. Par exemple, aucun soldat ne respecte la loi qui interdit aux Blancs de fréquenter des Noirs, je devrais dire des Noires. Tu peux imaginer ce que signifie dix ou vingt mille types jeunes lâchés dans la ville et qui cherchent des filles… Pour notre compte, avec deux ou trois Chiliens et Argentins, nous avons été à un ciné réservé aux indigènes et, malgré les réserves de la caissière, nous sommes entrés. C'est un spectacle! Pas pour le film, mais pour l'ambiance. Rien à voir avec les salles du centre, réservées aux Blancs; ça chahute, ça chante, ça vit. Et au moment du *God Save the King*, obligatoire à la fin de la séance, au lieu du garde-à-vous, les couples se mettent à danser… J'ai idée que la ségrégation va en prendre un sale coup.

» Aux gares, des milliers de prolos noirs, mal vêtus, courant sous la pluie, s'engouffrant dans leurs trains, l'air misérable, le dos courbé, la mine de gens traqués. Chez eux, dans les quartiers noirs et dans les petits bleds des environs, ils se redressent, se retrouvent, font de la musique et rythment leurs danses avec n'importe quel instrument, jusqu'à épuisement. Avec ça, pour peu qu'ils sentent que tu ne viens pas pour les emmerder mais pour les comprendre, ils deviennent graves, cérémonieux et gentils.

» Je n'avais aucun repère à nous. Dommage, car avec un point d'ancrage, tout un boulot serait à monter. Peut-être se fait-il mais je n'en ai pas vu trace.

» De plus, cette foutue ville est magnifique, avec l'océan proche, le haut plateau à la vue, une campagne verte à quelques minutes. À l'arrivée du rafiot, des centaines de dauphins nous ont présenté leurs ballets et leurs acrobaties.

» Pas d'adresse à te donner. Mais ça viendra. Ce n'est pas la solitude car il y a beaucoup à voir et à comprendre. Dans le groupe, deux ou trois gars intéressants. »

Peu avant l'heure de la concentration, au local des Cuirs & Peaux, une vingtaine de copains se sont rassemblés pour les dernières nouvelles. « Les Espagnols et les autres "étrangers" patrouilleront à quelques centaines de mètres devant le cortège et dans les rues adjacentes et viendront prévenir Arnal ou Randa s'il y a une anicroche. » « Depuis l'affaire du gréviste tué, tout le Bâtiment sera là. » « Le communiqué de presse est prêt : ne le filer aux journalistes que si tout se passe bien. »

Ensemble, ils s'en vont jusqu'à l'Alameda, puis, individuellement, se dirigent vers les lieux de rendez-vous
de leur syndicat. Des rues qui débouchent perpendi-
culairement sur la grande avenue, les groupes arrivent
avec un drapeau encore enroulé ou des pancartes.

À cinq heures, les paquets d'hommes, séparés de bloc
en bloc par les rues transversales, se sont unis en un
seul cordon. Des files de badauds sont sur les trottoirs.

Randa grimpe sur le toit d'une camionnette :

— Ça va! Il y en a depuis la gare jusqu'à la place
Bulnes. On part.

Parrain s'étonne de ne pas voir de *pacos* à cheval.
Rien ne change et tout change. En effet, les carabiniers qui précèdent le cortège, raides dans leur uniforme de gros drap, têtes rondes de paysans, attentifs
aux officiers aux tenues nettes, sont à pied. Aux croisements, des pelotons en formation carrée, un peu en
retrait de l'avenue.

Pablo, Albert et Robert remontent rapidement le
cortège qui s'ébranle dans une rumeur sourde, qui se
précise bientôt en des consignes reprises en chœur.
Les drapeaux et les bannières tenues à deux mains par
des militants à l'air grave, ondoient. Les pancartes
virevoltent pour montrer leurs inscriptions à la foule,
maintenant massée des deux côtés de l'Alameda. Les
larges bandes de toile blanche s'étirent sur toute l'avenue avec les mots d'ordre des syndicats et des groupes
de quartier.

La manifestation grossit à mesure que le défilé
atteint les rues populaires. C'est bientôt un fleuve.

Tout au fond jaillit le cri des gars du bâtiment, si souvent entendu au long des années, et qui se répercute de génération en génération, douleur, solidarité et haine mêlées :

— ¿ *Quién lo mato ?*
— ¡ *Los pacos !* [1]

---

[1]. « Qui l'a tué ? — Les flics ! »

Le texte ci-contre est initialement paru sous le titre « Hors-jeu international et jeu internationaliste » et signé du pseudonyme de « Santiago Parane », en juillet 1977, dans le numéro 11 de la revue *Interrogations*. (Sur le rôle que joua Mercier dans ce périodique, sous-titré « Revue internationale de recherche anarchiste », lire Charles Jacquier, « *Interrogations* ou Le passage de témoin », *Réfractions*, printemps-été 2002, n° 8, p. 109-118.)

En guise d'épilogue

Paris, juin 1977

Le mouvement anarchiste se montre particulièrement discret dans ses analyses des relations et des
conflits internationaux. Ses publications périodiques
ou ses livres ne traitent que rarement, ou très circons-
tanciellement, des problèmes de politique étrangère.
Il existe certes un certain nombre de principes généraux – contre tous les impérialismes, contre les natio-
nalismes, contre la guerre, contre les armements –,
rituellement répétés, qui planent quelque peu au-dessus des événements, des tensions ou des guerres loin-
taines. Cette répétition économise l'observation des
faits et leur interprétation, plutôt qu'elle n'y invite.

Ce silence et ces généralités présentent un danger
sérieux, celui de voir le quotidien, fait de désinfor-
mation et de propagande, modeler progressivement
les réactions des militants et conduire à ce que leur
comportement pratique, face à des situations de fait,
diffère de leur convictions affichées, ou les contredise.

Le piège du choix, identique en fin de compte à celui qui fonctionne si souvent pour les questions sociales, réside dans l'exploitation des sentiments pacifistes et internationalistes à des fins guerrières ou impérialistes. Il n'est pas question d'appeler les libertaires à s'engager dans une lutte entre régimes d'exploitation ou entre États visant à l'hégémonie régionale ou mondiale. Il est plus intelligemment, et plus utilement fait appel aux sentiments anti-autoritaires, aux convictions antitotalitaires, aux nécessités de la défense de conquêtes ouvrières, des libertés acquises. De même qu'au nom des valeurs dont se sert la « gauche », il est demandé non de participer aux règles parlementaires, mais d'empêcher – par le vote – le triomphe d'un candidat de « droite ». Ou de faire bloc avec ceux qui défendent le « progrès » contre ceux qui s'accrochent aux privilèges du passé.

Le procédé donne des résultats. Il faut reconnaître qu'il n'est souvent pas besoin de le mettre au point du dehors ; il surgit spontanément, au sein même des milieux anarchistes. Ainsi le Manifeste des Seize [1], en 1914.

*
* *

La prise de position des Kropotkine, Grave, Malato, Mella ou Moineau n'est pas exceptionnelle, ni conditionnée par une situation unique. On la retrouvera, sous un autre langage, en d'autres conjonctures, en

---

1. Lire *supra*, p. 57, note 1.

1936 en Espagne, en 1939, comme on pourrait la détecter aujourd'hui même.

Tout au long de la guerre civile espagnole en effet, l'idée d'un « camp démocratique » favorable à la République a été défendue, propagée, par les adversaires de la révolution sociale – républicains bourgeois et staliniens –, mais elle a pénétré jusque dans nos rangs. Et elle s'y est maintenue. Sans discussion. Dans l'équivoque.

Ainsi, dès le début de la Deuxième Guerre mondiale, un homme de la taille du Rudolf Rocker [1] a pu parler du Commonwealth britannique comme d'une « communauté de peuples libres »… Mais remarquons qu'entre les affirmations pacifistes, cri jeté sans aucune considération pour les données ou les perspectives de la réalité visible – le tract lancé par Louis Lecoin [2]

---

[1]. Militant anarchiste allemand, Rudolf Rocker (1873-1958) s'exile en France puis en Angleterre où, bien que non juif, il devient l'un des principaux animateurs du mouvement ouvrier juif de Londres. Revenu en Allemagne en 1918, il se consacre à la construction de la FAUD, un syndicat anarcho-syndicaliste, et de l'AIT (anti-autoritaire) dont il est l'un des trois secrétaires internationaux. Il se réfugie en 1933 aux États-Unis où il tente de mobiliser l'opinion en faveur de la révolution espagnole. Concernant les prises de position évoquées ci-dessus, lire l'article signé A. P. [André Prudhommeaux], « Rudolf Rocker et la position anarchiste devant la guerre » [1946], *Agone*, 2006, n° 35-36.

[2]. Ce militant pacifiste et libertaire a passé, en tout, douze ans de sa vie en prison pour son combat antimilitariste. Durant les années 1920, Louis Lecoin (1888-1971) fut au premier plan de la campagne d'accueil en France de trois militants espagnols de la CNT, Durruti, Jover et Ascaso, menacés d'extradition pour avoir préparé un attentat contre Alphonse XIII, puis de celle en faveur de Sacco et Vanzetti. En 1958, en pleine guerre d'Algérie, il entame son dernier combat en vue de l'obtention d'un statut pour les objecteurs de conscience, qu'il obtiendra après une longue grève de la faim.

« Pour une paix immédiate » en fournit un modèle –
et les plaidoiries justificatrices de ceux qui se rallient
à un camp, il existe surtout un immense *no man's land*
d'ignorance et de sclérose mentale.

Malgré les nombreuses expériences, la somme de
connaissances acquises et entrées dans notre mémoire
collective est maigre. Il y eut, pendant la guerre 1914-
1918 des manifestations de la pensée et de l'action
anarchistes qui témoignèrent de la lucidité et du courage des compagnons. Il y eut Zimmerwald [1] et cent
exemples de la présence libertaire. De 1939 à 1945 il
n'y eut pas grand-chose qui ressemblât à cette ténacité audacieuse et prometteuse. À quelques exceptions
près. L'une collective : l'équipe de *War Commentary* à
Londres. Les autres, individuelles ou à partir de petits
noyaux, celui de l'*Adunata dei Refrattari* étant le plus
solide. Le reste bascula dans l'illusion sanglante, le
silence ou l'accommodement.

*
* *

En pleine guerre, sous les bombes, l'effort de connaissance des éditeurs de *War Commentary* (succédant à
Spain and the World) ne cesse pas. Avant toute chose,
il s'agit de ne pas se laisser entraîner par les torrents de
mensonges, accompagnement naturel des haines et
des combats. Un effort qui pourtant ne s'imagine pas
triomphant. Tout est difficile, lent, incertain, précaire.

---

1. Sur ce congrès, lire *supra*, p. 58, note 1.

Marie-Louise Berneri, qui, avec Vernon Richards [1] et l'équipe de *Freedom Press*, anime le journal, le dit explicitement : « Nous ne pouvons bâtir avant que la classe ouvrière ne se débarrasse de ses illusions, de son acceptation des patrons et de sa foi dans les chefs. Notre politique consiste à l'éduquer, à stimuler ses instincts de classe, et à enseigner des méthodes de lutte. C'est une tâche dure et longue, mais à ceux qui préfèrent des solutions plus simples, comme la guerre, nous soulignerons que la grande guerre mondiale, qui devait mettre un terme à la guerre et sauver la démocratie,

---

[1]. Né à Londres dans une famille de réfugiés italiens, Vero Recchioni (dit Vernon Richards, 1915-2001) a commencé à militer en aidant son père dans son travail d'information contre le régime fasciste de Mussolini. Expulsé de France en 1935, il publiera l'année suivante un journal bilingue, anarchiste et antifasciste, *Italia Libera/Free Italy* avant de fonder *Spain and the World*. Sa compagne, Marie-Louise Berneri (1918-1949), est la fille aînée du célèbre anarchiste italien Camillo Berneri, assassiné par les staliniens à Barcelone en mai 1937. Ses nombreux contacts et sa connaissance du mouvement international lui ont permis de prendre une part active dans les journaux anarchistes anglais *Freedom* et *Spain and the World*, avant de faire partie du petit noyau de militants qui publie *War Commentary*. En 1945, elle est inculpée d'inciter les militaires à la désobéissance avec trois autres responsables de *War Commentary*, mais sera acquittée sur un point technique – selon la loi anglaise, le mari et la femme ne constituant qu'une seule personne, une épouse ne peut être accusée de conspirer avec son mari. Elle prendra alors l'entière responsabilité du journal durant l'emprisonnement de son compagnon et de ses camarades. Lire *Marie-Louise Berneri (1918-1949). A Tribute* (The Marie Louise Berneri Committee, Londres, 1949) ainsi qu'une courte biographie sur <http://dwardmac.pitzer.edu/Anarchist_Archives/bright/berneri/berneribio.html>. Sur Vero Recchioni, lire Colin Ward, « Ricordando Vernon Richards », *A rivista anarchica*, février 2002 n° 278, <www.anarca-bolo.ch/a-rivista/278/15.htm#2> ; ainsi que David Goodway, *L'Anarchie en société. Conservation avec Colin Ward*, ACL, 2005.

n'a produit que le fascisme et une nouvelle guerre ; que la guerre présente provoquera sans nul doute d'autres guerres, tout en laissant intacts les problèmes fondamentaux des travailleurs. Notre façon de refuser de poursuivre la tâche futile de rapiécer un monde pourri, et de nous efforcer d'en construire un neuf, n'est pas seulement constructive, elle est la seule solution. [I] »

Il ne s'agit pas d'incantations à la paix, mais de suivre l'actualité et d'en extraire chaque jour la leçon, de dénoncer les bourrages de crânes, de rappeler par des exemples immédiats et évidents que la Grande-Bretagne est un empire qui règne sur des peuples esclaves, que les États-Unis vont mettre à profit leur entrée en guerre pour étendre leur aire de puissance, que la Russie soviétique est un totalitarisme qui écrase prolétariat, paysannerie et peuples ; que les mots perdent tout sens quand un Tchang Kaï-chek, tyran hier devient grand démocrate le lendemain… que les idéologies couvrent des intérêts indéfendables. « Ne nions pas que… l'opinion américaine, et peut-être Roosevelt lui-même, n'exprime pas une véritable sympathie pour les démocraties. L'opinion des masses – ou plutôt ce que la presse leur fait croire –, n'a rien de commun avec les intérêts combinés des capitalistes et des impérialistes qui déterminent la conduite du pays. Mais on doit reconnaître que ces intérêts ont tout à gagner dans une guerre européenne. [II] »

I. « A Constructive Policy » [*War Commentary*, décembre 1940], *in Neither East nor West*, London, Freedom Press, 1952.

II. *War Commentary*, décembre 1939.

Cette volonté de continuer à voir clair, de penser avec sa propre tête, va se manifester pour dire, exposer, propager les vérités crues. Par des publications, mais aussi par des tracts distribués aux soldats, ce qui donnera lieu à procès. Par une correspondance qui devra se faufiler dans la masse épaisse des censures et des contrôles, avec les isolés, les rescapés, les tenaces de quatre coins du monde et qui sont l'Internationale.

Sans doute la tradition anglaise fournissait encore, restes sans cesse grignotés du libéralisme d'expression, un terrain plus favorable à cette affirmation et à cette recherche anarchistes qu'en des pays entièrement militarisés ou soumis à un régime de police toute puissante. Mais ces possibilités sont exploitées à fond, et non pas escamotées en attendant des jours sans problèmes. Comme ailleurs l'illégalité et la clandestinité s'adaptent et répondent à la loi et à la répression. L'argument ne tient pas quand il est avancé que ces libertés doivent être défendues en se mettant à la disposition d'un pouvoir qui s'ingénie à les réduire. Ce qui est à noter, c'est que dans les pays dictatoriaux, nombre d'éléments de résistance ont agi en liaison avec des services d'État « ennemi », en vue de participer à l'effort de guerre de l'autre camp, et non pour des objectifs propres.

C'est là que s'établit la différence fondamentale, pour les anarchistes, entre l'action favorisant le triomphe d'une coalition contre l'autre, et celle qui correspond à des buts de libération sociale. Différence qui était sensible en Italie, en France, aussi bien que dans les pays dits « neutres » – comme en Amérique latine –, là où

les grèves étaient soutenues, déclenchées ou condam-
nées, non par rapport aux intérêts de la classe ouvrière,
mais suivant le critère du « bon » ou du « mauvais »
bénéficiaire sur le plan international. Il existe, en dépit
des situations locales parfois très complexes, un fil
conducteur : c'est la guerre sociale que nous menons,
et non la guerre entre nations ou entre blocs. Les
« forces de libération » ne s'y tromperont pas en Italie
– 1944 –, quand les autorités militaires nord-américaines autoriseront la parution de toutes les publications de toutes les tendances « antifascistes », sauf les
journaux anarchistes. De même que dans le port de
Buenos Aires, les staliniens s'opposeront aux mouvements revendicatifs, dès lors que la production des
entreprises intéressées est destinée au ravitaillement des
Alliés – ennemis la veille – de l'URSS.

*
*   *

Reconnaissons que nous ne possédons pas de doctrine
éprouvée. Nos « ancêtres » ne nous aident guère. Dans
la logique marxiste, et pour ce qui concerne la politique internationale, il existe la même croyance dans
le caractère « progressif » de l'expansion capitaliste
dans le monde – étape inévitable pour que soient
réunies les conditions nécessaires à la victoire du prolétariat – que pour le développement économique des
nations. Miklos Molnár résume fort bien cette théorie : « Si le progrès réalisé par la bourgeoisie conqué-
rante grâce au développement de ses forces productives

est l'étalon universel pour mesurer les peuples, leur place au soleil et la légitimité de leurs revendications nationales, il est tout aussi impossible de se placer aux côtés des peuples "asiatiques" qu'aux côtés des "sous-développés" du vieux continent. Autrement dit, si Marx et Engels avaient voulu adopter un concept anticolonialiste, ils auraient dû l'élaborer au sujet des peuples opprimés d'Europe également et vice-versa. Faute de se placer sur le terrain de l'autodétermination sans discrimination, ils s'enferment dans le carcan de leur vision matérialiste et, dirait-on aujourd'hui, "productiviste" du monde. Dans une position idéologique donc? Pas du tout, puisqu'il s'agit d'une idéologie fondée sur une analyse de la réalité et qui se voulait scientifique. Ce n'est pas un vœu, un programme, un idéal que Marx et Engels prétendaient exprimer par leurs thèses, mais bien la tendance générale du développement historique. [1] »

Il y aurait quelque cruauté à rappeler à nos bons simili-marxistes d'aujourd'hui, qui se portent au secours des colonisés ou néo-colonisés (sauf quand il s'agit de colonies soviétiques), les positions de leurs maîtres à penser (il leur reste des maîtres, mais pas de

---

[1]. Miklos Molnár, *Marx, Engels et la politique internationale*, Gallimard, Paris, 1975, p. 340. Né à Budapest en 1918, ce journaliste et critique littéraire hongrois s'est exilé après l'échec de la révolution hongroise de 1956. Il a soutenu en 1963 un doctorat sur le « Déclin de la Iʳᵉ Internationale » à l'Institut universitaire des hautes études internationales de Genève où il a enseigné l'histoire et les sciences politiques jusqu'à sa retraite. Parmi ses nombreux livres, citons *Victoire d'une défaite. Budapest 1956* (L'Âge d'homme, 1996). Il est mort en 2003.

pensée). Molnár le rappelle : « Le contenu moral du colonialisme, son infamie et sa stupidité n'infirment pas aux yeux de Marx sa nécessité en tant que processus historique global. Quelque détestables que soient les motifs et les méthodes de colonisation britanniques, ils accomplissent une tâche historique somme toute progressiste. [1] »

Côté Bakounine, le raisonnement est inverse : « La conquête faite par les nations civilisées sur les peuples barbares, voilà leur principe. C'est l'application de la loi de Darwin à la politique internationale. Par suite de cette loi naturelle, les nations civilisées, étant ordinairement les plus fortes, doivent ou bien exterminer les populations barbares, ou bien les soumettre pour les exploiter, c'est-à-dire les civiliser. C'est ainsi qu'il est permis aux Américains du Nord d'exterminer peu à peu les Indiens ; aux Anglais d'exploiter les Indes orientales ; aux Français de conquérir l'Algérie ; et enfin aux Allemands de civiliser, *nolens volens*, les Slaves de la manière que l'on sait. [2] »

Mais si l'examen des relations entre Russie, Allemagne, Pologne, donne l'occasion à Bakounine de conclure de manière tout à fait opposée aux opinions de Marx, le premier considérant l'Allemagne comme l'État le plus porté à l'expansion et le second estimant que la Russie tsariste est destinée à s'étendre

---

I. *Ibid.*, p. 199.

II. « Aux compagnons de la Fédération des sections internationales du Jura » [février-mars 1872], *in Œuvres complètes*, vol. III, Champ libre, 1975.

par la nature même de son régime retardataire et abso-
lutiste, il n'en reste pas moins que pour le Russe, c'est
le problème de l'État qui est essentiel. « L'État moderne
ne fait que réaliser le vieux concept de domination
[…] qui aspire nécessairement, en raison de sa propre
nature, à conquérir, asservir, étouffer tout ce qui,
autour de lui, existe, vit, gravite, respire : cet État […]
a fait son temps. [1] »

Ici, déjà, le principe étouffe les analyses détaillées. Il
n'est pas sûr qu'il sera suffisant pour dominer les
entraînements de la passion.

*

* *

On ne peut mieux résumer une certaine mentalité qui
régnait dans les rangs de l'émigration cénétiste en
France, qu'en citant la réponse faite en novembre 1944
à l'Union nationale espagnole – fabrication du PC
espagnol –, qui lors d'un congrès tenu à Toulouse,
avait décidé d'éviter de nouvelles effusions de sang en
Espagne : « Magnifique déclaration avec laquelle nous
sommes totalement d'accord. Mais pourquoi dit-on
aux Anglais une chose et une autre totalement différente aux Français et aux Espagnols réfugiés en France ?
Pourquoi les porte-parole de la UNE [II] appellent lâches

I. « Étatisme et Anarchie » [1873], *ibid.*

II. Créée dans la clandestinité, à Grenoble en novembre 1942, par le
Parti communiste espagnol avec l'aide du PCF, l'Unión Nacional
Española vise à rassembler, sur une base large d'inspiration patriotique,

les exilés espagnols qui se refusent d'entrer dans les rangs de leurs guérillas qui prétendent reconquérir l'Espagne l'arme au poing ? C'est nous qui portons le drapeau de l'unité de tous les Espagnols amants de la liberté et de la République. C'est nous qui, dans un Front populaire, avons défendu la République, une République que l'UNE considère morte. C'est nous qui disons aux Anglais, aux Américains, aux Russes et à tous les peuples démocratiques du monde – et très particulièrement aux Espagnols exilés en France – que l'on doit tenter de libérer l'Espagne en évitant une nouvelle tuerie cruelle entre Espagnols. [1] »

---

les réfugiés espagnols vivant en France à l'image du Front des Français et du Front national promus par le PCF en 1936 et à la Libération. L'UNE demande la neutralité de l'Espagne dans la guerre, et, en Espagne même, l'amnistie pour les prisonniers politiques, la garantie des libertés publiques, l'autonomie des Catalans, des Basques et des Galiciens (Lire Louis Stein, *Par-delà l'exil et la mort. Les républicains espagnols en France*, Mazarine, 1981). Les anarchistes espagnols se tiendront toujours à l'écart de ce regroupement sous stricte hégémonie stalinienne, tandis que de nombreux militants de la CNT, du PSOE, du POUM et de l'UGT seront liquidés physiquement dans une relative impunité au moment de la Libération par ceux de l'UNE dans le Sud-Ouest de la France. (Lire *1944, les dossiers noirs d'une certaine Résistance*, Éditions du CES, 1984.)

1. José Borrás, *Políticas de los exiliados españoles (1944-1950)*, Ruedo ibérico, 1976. Militant anarcho-syndicaliste espagnol et résistant antifasciste, José Borrás Cascarosa (1916-2004) a été milicien dans la colonne Durruti, puis secrétaire général du Conseil régional des Collectivités, détruites par les staliniens de la division Líster. Après février 1939, il est interné dans des camps du sud de la France, puis prend part à la résistance au sein du groupe Ponzán. Il sera secrétaire de la CNT de l'Ariège entre 1946 et 1948 avant d'être membre du comité national des Jeunesses libertaires. À partir de 1965, il deviendra le responsable de l'Amicale de la 26e division (Durruti) et de son bulletin.

Que d'illusions, que de vaines et gloriolantes espérances, quel manque de connaissance des motivations qui déterminaient la politique des États « démocratiques ». Le livre de José Borrás dont nous avons extrait cette citation abonde en enfantillages de ce type et en guimauve littéraire, aux lieux et place d'une difficile mais indispensable analyse des conjonctures politiques internationales. La garde est baissée devant la froide détermination des États, égoïstes par nature. Après les désillusions, inévitables, viendront les aventures lancées à coups de jeunes, à coups de morts et d'arrestations, un prix aussi mal calculé que l'était la croyance en des gouvernements bourgeois démocratiques animés des meilleures intentions...

Car le mouvement libertaire espagnol, du moins dans ce qu'il déclare officiellement, n'a rien appris de ce que vaut « l'antifascisme » national ou international : « Une des constantes qui ont nettement marqué le comportement politique des partis et organisations exilés a été de croire – et de faire croire – que si les antifascistes espagnols perdirent la guerre civile et s'ils ne sont pas encore parvenus à abattre la dictature franquiste, la faute en est aux puissances étrangères. [1] »

S'agit-il d'une interprétation particulière, marquée par les circonstances propres au conflit ibérique ? Il ne le semble pas, car nous retrouvons ce raisonnement, non plus à chaud, mais comme expression naturelle d'un courant de pensée, chez nombre de militants, et à propos d'autres guerres. Ainsi, sous la plume d'un

---

1. *Ibid.,* p. 23.

excellent militant asturien, Ramón Álvarez, quand il parle d'Eleuterio Quintanilla, organisateur et propagandiste anarchiste du premier tiers du XXe siècle : « Tant que la guerre ne se manifesta pas par le choc brutal des armées sur les camps de bataille, transformées en tombes gigantesques de jeunes gens qui avaient rêvé d'une "belle époque" prolongée, Quintanilla se déchaîna contre la guerre. Il n'ignorait pas que les tueries collectives ont toujours assuré le salut du capitalisme, coïncidant chronologiquement avec les cycles de crises économiques, résultats des inévitables contradictions d'un système social basé sur l'exploitation et le profit. Une fois mortes les illusions reposant sur un internationalisme trop jeune pour être enraciné dans la conscience civique – bien qu'il doive constituer la première aspiration d'un idéaliste sincère –, Quintanilla décida rapidement de défendre le camp occidental, car il représentait une plus grande somme de libertés, où était possible l'ensemencement révolutionnaire ; alors que la victoire du kaiserisme eut signifié un recul sensible, dont les conséquences eussent retombé de préférence sur les couches les plus pauvres de chaque nation. [1] »

1. Ramón Álvarez Palomo, *Eleuterio Quintanilla. Vida y Obra del Maestro*, Editores Mexicanos Reunidos, Mexico, 1973. Le militant anarcho-syndicaliste Ramón Álvarez Palomo (1913-2003) fut élève de l'école rationaliste créée par le cénétiste Eleuterio Quintanilla, qui aura une grande influence sur son engagement. Adhérant en 1928 à la CNT, secrétaire régional des Asturies, puis membre du comité révolutionnaire pendant le mouvement insurrectionnel du pays en 1934, il s'est réfugié en France en avril 1935 jusqu'à l'arrivée au pouvoir du Front populaire espagnol. En juillet 1936, il a été membre de la commission de défense

*
*   *

Dans la plupart des cas, le choix d'un camp est déterminé par le sentiment d'impuissance chez le militant. Demeurer en dehors de l'affrontement public majeur lui semble l'exclure de toute action, de toute existence. Or, il ne s'agit pas d'être neutre, mais de refuser les règles d'un jeu qui n'est pas le sien. C'est le choix d'un camp qui fait disparaître sa personnalité propre. Son engagement signifie son suicide en tant que militant anarchiste. Que les circonstances l'obligent à se trouver inséré, en uniforme ou en civil, dans les appareils de l'une des parties belligérantes, ne l'engage pas. Ce serait sa justification de ce qu'il n'a pas le pouvoir d'éviter qui le mettrait hors du combat social. C'est à partir de cette – de sa – situation de fait, non choisie, qu'il peut commencer – ou continuer – d'agir. Pour agir, il doit travailler à suivre et à comprendre les événements, tâche peu aisée mais possible. De même qu'il doit connaître le milieu où il se trouve placé, pour en saisir la diversité et les contradictions. Tous éléments de connaissance qui lui serviront, dans l'immédiat ou dans le temps. Les aspects sociaux d'un conflit, d'une tension, d'une guerre ne

---

de Gijón, puis, après la perte des Asturies, responsable de la propagande de la FAI à Barcelone et secrétaire du ministre cénétiste de l'Instruction publique Segundo Blanco dans le gouvernement Negrín. Réfugié en France, il a tenté de réorganiser le mouvement libertaire en exil, en tant que secrétaire du Comité national de la CNT (en exil) puis du Comité régional des Asturies en 1945.

sont jamais absents longtemps. Non plus que les
réactions individuelles. Là est son terrain.

Quant à la sempiternelle considération que tout
acte, tout sentiment exprimé, toute attitude fait le jeu
de l'un ou l'autre antagoniste, elle est sans nul doute
exacte. Le tout est de savoir s'il faut disparaître, se
taire, devenir objet, pour la seule raison que notre
existence peut favoriser le triomphe de l'un sur l'autre.
Alors qu'une seule vérité est éclatante : nul ne fera
notre jeu si nous ne le menons pas nous-mêmes.

*

*   *

Ne pas vouloir participer aux opérations de politique
internationale, dans l'un des camps en lutte, ne signifie pas qu'il faille se désintéresser de la réalité de ces opérations, de ces formes de guerre permanente prenant
les aspects les plus variés : commerciales, politiques,
militaires ; de ces stratégies. Oublier que les États-Unis,
par vocation et volonté de puissance, sont partout présents dans le monde, veulent assurer la défense et la
garantie de leur métropole qui dépend d'un ravitaillement de nature intercontinentale ; oublier les tendances à l'hégémonie mondiale de l'Union soviétique ;
oublier la capacité expansionniste de la Chine ; oublier
que les poussées d'indépendance qui secouent
l'Afrique, l'Asie et l'Amérique latine sont à la fois
volontés populaires, surgissements de nouvelles classes
dirigeantes et pions des rivalités entre grandes puissances, c'est se condamner à donner dans tous les

panneaux. C'est au contraire par le tri continu des éléments décisifs entre manœuvres de type nationaliste ou
impérialiste et courants de libération authentiques que
la critique libertaire peut et doit s'exercer si elle veut
être instrument de connaissance et de combat.

Or, à chaque fois que le militant prend position,
avec l'espoir d'occuper une place dans la « marche de
l'histoire », ou qu'il refuse de manifester son soutien
à une poussée sociale, par souci de ne pas favoriser une
autorité gouvernementale, il erre ou perd toute existence. Il faut se rappeler à ce propos l'attitude d'intellectuels libertaires italiens estimant « progressive »
la liquidation de la féodalité tibétaine par l'Armée
rouge chinoise (à quoi il était possible – aussi absur-
dement – de mettre en parallèle le rôle moderniste de
la conquête mussolinienne de l'Abyssinie). Ou encore
les réticences de milieux anarchistes français lors de
l'insurrection hongroise de 1956, dans laquelle ils
voyaient la main de la propagande nord-américaine.
Plus tard, la critique des méthodes dictatoriales cas-
tristes fut assimilée à la défense de l'impérialisme yan-
kee. Et plus récemment, nous avons pu lire dans un
journal anarcho-syndicaliste norvégien une défense
inconditionnelle du MPLA d'Angola [1].

---

1. Le Mouvement pour la libération de l'Angola (MPLA), fondé en 1956
et dirigé par Agostinho Neto avec le soutien des pays de l'Est, déclenche
la guerre d'indépendance contre le Portugal en 1961. La « révolution
des œillets » à Lisbonne en 1974 permet d'entamer les négociations en
vue de la décolonisation et, l'année suivante, l'indépendance est procla-
mée par le MPLA. Soutenu par l'URSS et un corps expéditionnaire
cubain, il s'oppose à l'Union nationale pour l'indépendance totale de
l'Angola (UNITA) de Jonas Savimbi aidée par l'Afrique du Sud.

Ce sont exemples non de clairvoyance, mais de sou-
mission aux artifices des propagandes, d'absence d'information directe ou de travail d'analyse. Exemples de
l'inutilité des principes, si ceux-ci ne sont pas constamment nourris et vérifiés par l'effort de connaissance.

Par contre, là où nous trouvons des alliés naturels, là
où surgissent des forces sur le plan social qui brisent le
faux dilemme des blocs bons ou mauvais, nous ne
sommes ni assez vigilants ni assez solidaires. Du moins
en tant que mouvement, car fort heureusement, individus, noyaux et initiatives agiles n'ont jamais manqué.
Il va sans dire que nos alliés naturels ne sont pas, dans
les pays de l'Est, les services nord-américains, ni, en
Amérique, les hommes du KGB. Mais réduire la com-
préhension des situations nationales et la complexité
des rapports internationaux à ces cirques – comme il
est aisé et courant de le faire – serait lamentable pour
des militants, rétifs par principe aux sortilèges mani-
pulés des médias.

Si nos alliés naturels se trouvent parmi ceux d'en bas
qui, sous des formes infiniment variées luttent ou se
défendent dans les entreprises ou dans les quartiers
populaires des villes ou des burgs, bulgares, cubains
ou sud-africains, russes ou chinois, argentins ou nord-
américains, ou à Hong Kong ou au Japon, nos ennemis non moins naturels sont les systèmes et les régimes
qui les dominent, les exploitent ou les répriment. De
même que nos préoccupations portent sur l'évaluation
des résultats des mille formes de résistance aux conflits
– non pas théoriques, mais réels – c'est-à-dire sur la
façon de savoir, par exemple, si les dizaines de milliers

de déserteurs ou de réfractaires nord-américains ont accéléré la liquidation de la guerre au Vietnam. Ce qui ne nous place nullement à la traîne ni aux ordres du gouvernement de Hanoi.

À regarder de près, nous ne sommes pas absents du combat, si nous menons le nôtre, tout en connaissant et en dévoilant celui des autres. Nous dirions même que notre combat dépend étroitement de la connaissance de celui des autres. Les chausse-trapes se préparent évidemment bien à l'avance. Pour ne pas y tomber, nos généralités préventives ne sont pas suffisantes. Il nous faut dès maintenant apprendre à détailler : antagonisme-collaboration entre États-Unis et URSS, eurocommunisme, libérations du type angolais, éthiopien ou cambodgien, démocratie à la japonaise, etc. Des détails qui nous renforcerons dans notre hors-jeu international et notre possible action internationaliste.

Marianne Enckell est depuis de nombreuses années l'animatrice du CIRA, le Centre international de recherches sur l'anarchisme de Lausanne. Très proche de Louis Mercier à la fin de sa vie, elle a notamment publié la première édition de *La Chevauchée anonyme* en 1978, dont le texte qui suit était la préface. Elle a également organisé, à Paris, vingt ans après sa mort, la journée d'études consacrée à l'auteur et publiée sous le titre *Présence de Louis Mercier* (ACL, 1999).

In memoriam

Je suis voyageur et marin, c'est-à-dire un menteur et un imbécile aux yeux de cette classe d'écrivains qui, dans l'ombre de leur cabinet, philosophent à perte de vue sur le monde et ses habitants, et soumettent impérieusement la nature à leurs imaginations. Procédé bien singulier, bien inconcevable de la part de gens qui, n'ayant rien observé par eux-mêmes, n'écrivent, ne dogmatisent que d'après des observations empruntées de ces mêmes voyageurs auxquels ils refusent la faculté de voir et de penser.

BOUGAINVILLE
Discours préliminaire au *Voyage autour du monde* (1771)

I L Y A QUELQUES ANNÉES paraissait un tout petit livre, inattendu et dérangeant dans l'étalage de produits-à-tout-faire, de copies scolaires et de vers de mirlitons publiés sur l'anarchisme : *L'Increvable Anarchisme* [1].

---

1. Louis Mercier Vega, *L'Increvable Anarchisme* [1970], Analis, 1988.

C'est un livre bouillonnant de vie, d'expérience accumulée, de tendresses et d'inquiétudes et, s'il déroute l'étranger, les familiers du mouvement anarchiste y trouvent entre les lignes, au-delà des références, un cheminement et une réflexion qui sont les leurs. Il ne vous fait pas ronfler de satisfaction nostalgique : il vous emmène dans les usines en grève ou pas, chez les Indiens guaranis et dans les camps soviétiques, et puis il vous pose, vous lecteur, dans votre quotidien, les yeux écarquillés et les oreilles ouvertes… Louis Mercier Vega, l'auteur, n'était certes pas un inconnu dans le mouvement anarchiste, mais c'est avec ce livre que ceux de ma génération et les soixante-huitards ont appris à le connaître et à l'aimer.

Rien de personnel dans ce livre-là ne transparaît immédiatement ; tout dit que l'auteur a une connaissance intime de ce dont il parle. Dans ce texte, je voudrais en dire un peu plus sur lui.

Il racontait sa vie par bribes, avec des silences, sans s'arrêter toujours aux curiosités de ceux qui l'écoutaient. Il y avait des périodes sur lesquelles il restait discret, même avec les plus proches. Le récit publié ici, *La Chevauchée anonyme*, est plus qu'une tranche de vie : c'est une démarche constante, un engagement entier, des exigences obstinées s'il en fut, autour d'un moment déterminé et déterminant de la vie d'un militant. « Pas facile. Trop exigeant. Et parfois tu ne peux pas être aussi régulier, aussi simple que tu l'exiges ou l'attends des autres. »

Vrai ? Louis Mercier s'est volontairement donné la mort, le 20 novembre 1977. Il avait fait le bout de chemin qu'il voulait faire. Comme une traînée lumineuse pour ceux qui ont eu le privilège de son amitié ; ses livres sont là pour continuer d'accompagner et d'interpeller ceux qui apprécient une pensée libre.

Une liberté qui s'est toujours inscrite dans le mouvement anarchiste, dans un mouvement de changement social radical : marquée à l'inquiétude, à la recherche de la connaissance, au questionnement de la réalité et de l'évolution sociétaire.

Une liberté où les hommes, la vie réelle, comptent d'abord, où la lutte pour une société fraternelle et solidaire passe avant les intérêts particuliers. Une vie faite de générosité et de critique, de passions et de rigueurs, et d'une tendresse infinie.

Au moment où se déroulent les événements relatés dans *La Chevauchée anonyme*, Mercier a vingt-cinq ans, quelques années de militantisme, déjà deux ou trois pseudonymes. Quand il écrit ce livre, il a près de soixante ans, trente-cinq ans de militantisme en plus, il a roulé sa bosse de par le monde et endossé une nouvelle identité. Les souvenirs sont vifs de cette période clef, de cette période révolue puisque le personnage qui parle à travers Parrain et Danton est devenu, peu de mois après que se termine le récit, Louis Mercier Vega, journaliste chilien.

Aussi ce récit, s'il est construit sur des souvenirs précis et une période brève, jette-t-il des ponts entre plusieurs temps, plusieurs vies de l'auteur, intimement liés au mouvement anarchiste.

Pour beaucoup de compagnons, 1939 avait été la fin d'un monde : le trait à tirer sur la révolution espagnole, le glas des espoirs ouvriers, l'abandon – une fois de plus – de l'internationalisme au profit de la débrouille, de la survie. Pour Mercier, jamais les espoirs les plus forts ne se sont travestis en illusions ni les échecs les plus brutaux en regrets.

Il avait commencé à militer tout jeune, dérogeant bruyamment à ses obligations militaires et s'installant à Paris sous le nom de Charles Ridel. Tour à tour manœuvre aux Halles, ouvrier des cuirs, camelot, « vaisselier à la petite argenterie », correcteur d'épreuves, il fait sienne la *coutume ouvrière* dont le syndicat est, faute de mieux, l'expression la plus adéquate. Dans l'Union anarchiste, où sont réunies toutes les tendances sous le chapeau œcuménique de la « synthèse » à la Sébastien Faure, Ridel et ses amis des Jeunesses font partie de la fraction communiste-libertaire qui monte des groupes d'usine, ne se satisfait pas des déclarations antifascistes, propose un programme économique et politique en alternative au Front populaire. En mai 1936, il est pour la première fois en Espagne, au congrès de Saragosse de la CNT où le débat entre organisation et spontanéité, entre système des collectivités et prise au tas est violent ; il prend contact avec la réalité mouvante du pays et le grand nombre d'expériences libertaires et collectives en cours. La révolution ? « Cette année ou jamais », dit-il à Simone Weil, qui découvre alors le prix du travail en usine et les contradictions des intellectuels.

Le 19 juillet, le prolétariat espagnol prend les armes pour répondre au putsch des généraux et réaliser simultanément la révolution sociale. Ridel n'attend que sa paie de la quinzaine pour partir, avec Carpentier, son frère d'armes – dix ans de plus que lui, l'expérience de la guerre, du travail manuel, de l'organisation. Ils fondent le Groupe international de la Colonne Durruti, cosmopolite et coloré, où la seule exigence est de savoir manier les armes. « Venus pour se battre, ils sont impatients, écrit-il dans son journal. Proscrits d'Italie et exploités de l'impérialisme français sont venus faire le coup de feu, pour le vieux rêve caressé depuis tant d'années d'une société libertaire. Le groupe va se grossir peu à peu d'éléments nouveaux. Face à la Légion marocaine, ce ramassis de tueurs et de voleurs venus en Espagne pour restaurer l'ordre bourgeois, se dresse la Légion internationale des sans-patrie, qui sont venus se battre dans la péninsule pour l'ordre ouvrier et révolutionnaire. [2] » Cantonnés d'abord à Pina del Ebro, ils se battront à Siétamo, Perdiguera, Farlete, dans l'offensive contre Saragosse, « clef de l'Aragon et forteresse du fascisme insurgé ».

En septembre déjà, les milices doivent accepter d'être subordonnées au commandement militaire du gouvernement, où siègent bientôt des anarchistes. Des ministères anarchistes ? ouiche, le plumeau et la serpillière, la Santé, la Justice… Le soutien à l'Espagne révolutionnaire et le renforcement du mouvement

---

2. Carpentier et Ridel, « De la colonne Durruti », *Le Libertaire*, 21 août 1936.

anarchiste ne passent ni par l'approbation aveugle ni par la constitution de fronts antifascistes : la seule ligne à tenir, c'est la lucidité, la morale, la critique. Tant pis si ces termes ne plaisent plus aujourd'hui : au temps de l'éphémère, les vertus sont fugaces.

L'Espagne révolutionnaire n'en finit pas de mourir, et la foi anarchiste de se transformer en passion guerrière : plutôt, en ce cas, être traité de lâche et de déserteur et pouvoir crier la vérité. « Vérité négative, impuissante, pessimiste, mais vérité nue et cruelle que nous clamerons face à tous ceux qui vivent de la guerre "antifasciste" : Associer le sacrifice des révolutionnaires à la défense de Negrín et de la démocratie bourgeoise serait briser l'espoir de leur résurrection dans les luttes qui viendront. Nous avons conscience de pouvoir dire au nom de ceux qui tombèrent en miliciens de la révolution sociale : "Ce n'est pas pour cela qu'ils sont morts", et d'interdire aux clowns de la sociale de détrousser leurs cadavres », dit en mai 1938 l'éditorial de *Révision*, une petite revue au titre provocateur animée par Ridel, Marie-Louise Berneri, Lucien Feuillade, Jean Rabaut et quelques autres. Quand s'approche la guerre mondiale, une seule réponse est possible : nous ne partirons pas. La seule résistance imaginable serait un mouvement anarchiste fort, implanté, organisé ; fausse alternative que celle du « milieu » anar, qui s'épuise en pétitions, en ligues pacifistes, en actions antifascistes frontistes.

L'épisode relaté dans ce livre, si déterminant pour la vie à venir de Ridel-Mercier, est resté proprement anonyme pour ceux qui l'ont connu par la suite. Lui qui avait vraiment choisi sa vie, à dix-sept ans, oubliant jusqu'au nom et au lieu de sa naissance, s'identifiant au milieu ouvrier, aux anars parisiens avec lesquels il militait, voici qu'il est choisi : d'abord avec la guerre d'Espagne, puis la guerre mondiale et le cargo grec qui l'emmène à Rosario.

Le militantisme exigeant ; l'internationalisme en pratique ; le rire aussi, la gaieté et l'amitié. Mario le maçon, Martin l'antiquaire, La Lithu, Duque, autant de portraits des meilleurs compagnons, des plus fidèles auprès desquels on peut jeter l'ancre dans la tempête, grâce auxquels on n'abandonne jamais l'espoir dans le mouvement.

Dans le récit, peu après l'arrivée en Amérique du Sud, les voies de Danton et de Parrain divergent : le premier, qui hait l'armée pour y avoir servi, s'engage dans les Forces françaises libres dans l'espoir de regagner le vieux continent, d'y remettre sur pied un réseau, des correspondances ; l'autre regagne le Chili, son pays, ses racines. C'est cela, l'internationalisme : la terre entière à soi, à condition d'avoir des racines bien plantées. Parfois l'envie de bourlinguer est la plus forte, l'horizon ouvert à s'y perdre. Mais les déracinés, les exilés sont rarement les vrais internationalistes : il leur manque un lieu propre, un miroir. Mercier disait : « Je peux être content partout. » Parce qu'il y avait le mouvement anar, la présence des compagnons, la découverte d'esprits libres. L'idée qu'on peut beaucoup, même si on n'est pas nombreux, même si la plupart des anarchistes se borne à crier des slogans et

à coller des manifestes sans ouvrir les yeux à la réalité.
« La passion libertaire ne prend de valeur qu'en fonction des problèmes à résoudre : elle ne peut se perdre
dans les apocalypses de circonstance ou se consumer
dans les exaltations moroses. [3] »

Ainsi il n'est pas question de choisir un camp ou
l'autre, malgré les pressions qui s'exercent et les calomnies qui circulent, que ce soit lors d'un conflit mondial, d'un front populaire ou de la guerre froide : il
s'agit de refuser un jeu qui n'est pas le nôtre, quitte à
en observer les règles sans y croire, suivant les événements de près, s'acharnant à démêler les raisons et les
forces en présence. Pendant la guerre, trop de militants, de révolutionnaires conscients se sont laissé
prendre au « jeu répugnant » de l'antifascisme, à « l'or-
gie de grandes déclarations sur la liberté soigneusement rédigées par les agences de presse… Comme
nous sommes des gens obstinés, nous refusons de voir
la moindre trace d'émancipation humaine dans le fait
de travailler au maximum de productivité, de
consommer le moins possible et de laisser la vie quotidienne de millions de gens aux mains d'un pouvoir
d'État sur lesquels ils n'ont aucun contrôle. La propagande est certainement une industrie qui a atteint
un haut degré de perfection et possède des techniques
remarquables, mais il y a des choses qui sont trop
grosses à avaler. [4] »

---

3. « Refus de la légende », *Témoins*, printemps 1956, n° 12-13.

4. « For Workers' Revolution », *War Commentary for Anarchism*,
décembre 1941.

Racontés avec plus de trente ans de recul, les choix des compagnons de *La Chevauchée anonyme* ne sont peut-être pas les seuls possibles ni les meilleurs : ils témoignent simplement du refus de jouer le jeu imposé par les États, de la recherche d'une participation autre à l'histoire, d'un effort de lucidité dans l'affrontement des propagandes et des armées.

Les citations que j'ai relevées, elles sont aussi présentes dans le récit. J'aime que les questions qu'il discute – la guerre, la faiblesse du mouvement qui part en quenouille, les formes d'organisation révolutionnaire au beau milieu du conflit mondial, dans des pays isolés et des situations mouvantes – le soient parmi des souvenirs chaleureux et des portraits vivants. Car si l'observation et la curiosité en éveil sont toujours nécessaires, c'est avec des hommes et des femmes qu'il s'agit de la faire, cette révolution, de militer pour un monde fraternel, contre l'État aveugle et meurtrier, contre l'anonymat délétère et l'embrigadement étouffant.

Militer, ce n'est pas forcément clamer son anarchisme : pour Mercier, cela a été pendant vingt ans l'étude patiente des sociétés latino-américaines, avec des groupes de chercheurs dans une dizaine de pays, qu'il estimait pour ce qu'ils n'étaient ni candidats à une carrière universitaire ou politique, ni au service d'aucune Agence, et pour ce qu'ils ne cherchaient pas à conformer la réalité à leur idéologie. (J'imagine ce récit écrit pour boucler la boucle, l'Institut latino-américain fermé faute de fonds, et lui se remémorant le premier contact avec l'Amérique du Sud, qui allait

colorer toute sa vie, et jaugeant les fidélités premières…) Ceux qui ont travaillé jusqu'au bout avec
lui portent témoignage de son amitié, de son exigence,
de son honnêteté.

Et puis, un jour, la vie lui a manqué. Et les mots me
manquent, que j'emprunte ailleurs.

« Par quelle latitude nous apparut-il que cette terre
vers laquelle nous nous hâtions se dérobait à mesure
et que nous eussions, plutôt que de l'atteindre, brisé
la mer de verre ?… Nos cris, notre désespoir quand
nous sentîmes que tout allait nous manquer, que ce
qui pouvait exister détruit à chaque pas ce qui existe,
que la solitude absolue volatilise de proche en proche
ce que nous touchons, vous me saurez gré, madame,
de vous les épargner… [5] »

MARIANNE ENCKELL
Genève, 1977

---

5. André Breton, « Introduction au discours sur le peu de réalité »,
in Point du jour, Gallimard, 1992.

Une attitude internationaliste devant la guerre

Vous aviez sans doute vu *Le Jour le plus long* ainsi que *Paris brûle-t-il ?* et *La Liste de Schindler*, sans parler de quelques-uns des innombrables documentaires historiques sur la Deuxième Guerre mondiale ; vous aviez peut-être aussi entendu ce qui se racontait au cours de la soirée télévisée consacrée aux commémorations du 60ᵉ anniversaire du débarquement allié en Normandie, où l'on communiait dans un devoir de mémoire de bon aloi, rivalisant de grands principes et de bons sentiments… Avant d'avoir lu ce livre, peu d'entre vous doutaient que la Seconde Guerre mondiale ne fût pas le modèle achevé d'une guerre juste [1]. Vous imaginant qu'elle fut faite

---

1. Lire le chapitre IV du livre d'Howard Zinn, *Nous, le Peuple des États-Unis…*, Agone, 2004.

pour sauver les Juifs persécutés par les nazis [2], vous
considériez sans doute les bombardements allemands
sur Londres visant des populations civiles en 1940
comme un acte de barbarie inqualifiable mais esti-
miez, en revanche, que ceux de Dresde par la Royal
Air Force en février 1945 ou de Tokyo, en mars, par
l'aviation américaine, sur d'autres populations civiles,
étaient malheureusement inévitables dans le contexte
d'une guerre totale [3]. Vous pensiez peut-être également qu'il était inconcevable d'écrire, comme Dwight
MacDonald (1906-1982), figure de proue des *New
York Intellectuals*, au lendemain de Hiroshima, dans
l'euphorie de la victoire des Alliés : « La bombe a
détruit en un clin d'œil les deux tiers de la ville, y
compris, sans doute, la plupart des 343 000 êtres
humains qui y vivaient. […] Cette action atroce nous
place, "nous" les défenseurs de la civilisation, au
même niveau moral qu'"eux", les bouchers de
Maidanek. Et "nous", la nation américaine, nous
sommes responsables de cette horreur, ni plus ni
moins qu'"eux", la nation allemande. [4] » En un mot,
vous vous imaginiez tout savoir sur la Deuxième
Guerre mondiale, cette vieille histoire que l'on évoque

---

2. Pour en juger en connaissance de cause, lire David S. Wyman,
L'Abandon des juifs. Les Américains et la solution finale, Flammarion, 1987.

3. Lire Sven Lindqvist, *Maintenant tu es mort. Le siècle des bombes*, Le
Serpent à plumes, 2002.

4. Dwight MacDonald cité *in* Enzo Traverso, *L'Histoire déchirée. Essai
sur Auschwitz et les intellectuels*, Le Cerf, coll. « Passages », 1997,
p. 199. Sur le même thème, lire, du même auteur, « La Bombe »,
Agone, 2005, n° 34.

sans cesse dans notre actualité, quelquefois à propos, souvent hors de propos. Et vous avez sans doute été étonné de découvrir ici un point de vue hétérodoxe qu'illustrent ces itinéraires hors du commun et restés dans l'ombre.

Lorsque la première édition de *La Chevauchée anonyme* a paru chez un tout petit éditeur en 1978, son auteur, Louis Mercier Vega, avait mis fin à ses jours quelques mois auparavant. Il avait pris congé d'une balle en plein front, non sans ostentation ni panache, sur une place de Collioure, « parce qu'il ne voulait pas attendre que le déclin physique de l'âge, l'incapacité de comprendre et d'agir décident pour lui du terme de son activité anarchiste [5] ». Il poussa le sens du détail et la volonté de ne rien laisser au hasard jusqu'à préparer pour la presse sa propre notice nécrologique, qui disait sobrement : « Les amis de Louis Mercier Vega, dit Charles Ridel, alias Santiago Parane, militant anarchiste, annoncent sa mort volontaire, survenue le 20 novembre 1977. [6] » Il mettait ainsi un terme à une vie itinérante qui en avait fait, presque un demi-siècle durant, l'une des principales figures – encore trop méconnue – du mouvement libertaire international.

Objet littéraire non identifié – ni roman à thèse pour *happy few*, ni témoignage édifiant d'ancien combattant –, *La Chevauchée* présente un épisode clef de

---

5. *Interrogations*, janvier 1978, n° 13, p. 6.

6. « Le carnet » du *Monde*, 25 novembre 1977, p. 37. Pour simplifier, nous dirons dorénavant Ridel ou Mercier indifféremment, vu la multiplicité de ses pseudonymes.

la vie de son auteur, qui se met en scène pendant la guerre sous les traits des deux principaux personnages du livre, Parrain et Danton. La plupart des protagonistes de ce récit sont d'ailleurs identifiables pour un familier de l'histoire du mouvement anarchiste international. Cette façon de lever un large coin du voile sans cependant vraiment tout livrer a sans doute permis à Mercier de suivre, à sa manière, la règle du silence que pratiquaient par exemple les anarchistes illégalistes italo-américains – lui-même familier d'ailleurs de l'illégalisme –, sans pour autant que cette expérience ne soit complètement perdue après sa mort. « À l'opposé d'une certaine mode révolutionnaire qui ne cesse de s'inquiéter des moyens "d'entrer dans l'Histoire", écrivait-il, des centaines d'activistes italiens se sont contentés de contribuer à la faire. [7] »

Et, en effet, c'est d'Histoire qu'il s'agit dans ce livre, mais d'une histoire qui n'est pas écrite par et pour les puissants, par les scribes stipendiés de l'État et les partisans *ad vitam aeternam* de la justification perpétuelle de la marche du monde comme il va, d'une histoire vue d'en bas par un militant qui, envers et contre tout, n'a jamais renoncé à penser par lui-même et à mener son propre jeu dans une période « où l'on ne [pouvait] rien, sauf ne pas perdre la tête ».

---

7. *L'Increvable Anarchisme*, op. cit., p. 34.

« UNE FÉDÉRATION DE PSEUDONYMES » [8]

Né Charles Cortvrint, à Bruxelles, le 6 mai 1914, Mercier devient anarchiste à l'âge de seize ans, au contact du milieu libertaire belge et des exilés espagnols (Francisco Ascaso, Buenaventura Durruti) ou italiens (Camillo Berneri, Torquato Gobbi [9]) alors réfugiés à Bruxelles. Mais c'est en particulier les parcours des militants Hem Day, Jean de Boë et Nicolas Lazarévitch [10], qui dessineront les lignes de force de

---

8. Lire l'ouvrage collectif *Présence de Louis Mercier*, ACL, 1999.

9. Lire Alberto Ciampi, « La vita di Torquato Gobbi raccontata da Fabrizio Montanari », *Bollettino Archivio G. Pinelli*, août 1999, n° 13, p. 28-29.

10. Hem Day (1902-1969), de son vrai nom Marcel Camille Dieu, est secrétaire de l'Union anarchiste de Belgique à partir de 1925. Il assure également le secrétariat du Comité international de défense anarchiste (CIDA), fondé à Bruxelles en 1927. Le CIDA dénonçait aussi bien le régime fasciste italien que la répression des anarchistes en URSS, tout en luttant pour éviter les expulsions et les extraditions de militants étrangers réfugiés en Belgique — cette activité tenant une grande place dans le travail mené par les groupes anarchistes belges.

Ouvrier typographe, Jean de Boë (1889-1974) fut condamné pour « recel et association de malfaiteurs » à dix ans de travaux forcés à Cayenne dans le cadre de l'affaire Bonnot en février 1913. Il réussit à s'enfuir et à revenir à Bruxelles. Sans rien renier de son passé, de Boë s'est ensuite consacré au syndicalisme, animant plusieurs grèves des travailleurs du livre. En 1941, il a échappé de peu à la Gestapo, avant de passer en France, puis de revenir à Bruxelles, où il restera caché jusqu'à la libération.

Nicolas Lazarévitch (1895-1975) est né, dans la banlieue de Liège, de parents russes ayant participé au groupe La Volonté du Peuple. En août 1914, il refuse de se laisser enrôler, traverse l'Europe et parvient à Moscou en 1919. Après avoir combattu dans l'Armée rouge, il reprend un travail en usine. Emprisonné en 1924 comme animateur d'un groupe clandestin qui prônait le retour des syndicats à la lutte de

l'engagement du jeune homme : éthique du syndicalisme révolutionnaire (refus de parvenir, prééminence
de l'action directe) et importance de la « coutume
ouvrière » comme préfiguration de la société future ;
internationalisme et solidarité internationale ; opposition radicale au stalinisme et au socialisme d'État ;
illégalisme et refus des guerres impérialistes.

Le jeune Cortvrint, qui apprend vite et ne manque
pas d'assurance, n'hésite pas à faire la leçon à ses aînés,
ne proposant pas moins que de « se débarrasser des
formules creuses » pour « marcher résolument dans la
voie des réalisations concrètes » [11]. Il se lance ainsi
dans la lutte antimilitariste [12]. Revenant sur l'expérience des Jeunes Gardes Socialistes dans l'armée belge,
il écrira : « Quelques jeunes anarchistes, […] délais-
sant les vaines critiques sans travail pratique, tentent
de renouer la tradition avec les militants ouvriers
d'avant-guerre. » Dès 1931, il est en contact avec le

---

classe, il est libéré deux ans plus tard, suite à une campagne de soutien menée en Belgique et en France par les milieux anarchistes et syndicalistes révolutionnaires et appuyée par une pétition d'intellectuels
(Victor Basch, Romain Rolland, Séverine). Il rédigera ensuite un témoignage, *Ce que j'ai vécu en Russie*, qui dénonce l'exploitation et l'op-
pression des travailleurs russes par leurs nouveaux maîtres. En 1933,
il fonde à Liège le bimensuel *Le Réveil syndicaliste* avec Jean de Boë.

11. « La situation en Belgique », *Le Réveil*, Genève, 26 décembre
1931. Cet article entraîna des mises au point dans les numéros des
6 février et 9 mars 1932 – articles amicalement communiqués par
Marianne Enckell.

12. « Les soldats avec nous » signé Ajor, un autre de ses pseudonymes
dans *La Révolution prolétarienne*, 25 février 1935, n° 193, p. 7-8. Lire
également *infra*, p. 91 *sq*.

milieu anarchiste parisien, où Nicolas Faucier [13] le juge d'une maturité prometteuse. Il sera désormais connu sous le nom de Charles Ridel. Délégué au congrès de l'Union anarchiste communiste révolutionnaire en juillet 1933, il commence à collaborer, sous divers pseudonymes, au *Libertaire* et à la revue syndicaliste *La Révolution prolétarienne*. De 1934 à 1936, il anime une éphémère Fédération communiste libertaire qui rejoint l'Union anarchiste en avril 1936. Le mois suivant, il assiste au congrès de la CNT à Saragosse où il interroge Ángel Pestaña pour *La Révolution prolétarienne*. Avec ses amis des groupes d'usine de l'Union anarchiste (UA) – le métallo Félix Guyard et le livreur de charbon François-Charles Carpentier – il est également très actif durant les grèves avec occupation de mai-juin 1936. C'est à cette époque qu'il croise la philosophe Simone Weil, qui est marquée par son expérience du travail en usine et fréquente plusieurs groupes et revues d'extrême gauche.

Dès que Ridel et François-Charles Carpentier apprennent la nouvelle du *pronunciamiento* franquiste de juillet 1936, ils se rendent en Espagne – où Simone Weil les rejoint – pour participer à la fondation du Groupe international de la Colonne Durruti [14]. S'en

---

13. Administrateur du *Libertaire* de 1927 à 1929 et secrétaire de la fédération parisienne de l'Union anarchiste communiste révolutionnaire. (Lire Nicolas Faucier, *Dans la mêlée sociale, itinéraire d'un anarcho-syndicaliste*, La Digitale, 1988, p. 220-222.)

14. Lire Louis Mercier, « Simone Weil sur le front d'Aragon », *in Simone Weil, l'expérience de la vie et le travail de la pensée*, Sulliver, 1998, p. 145-152.

suivront des semaines tragiques où Ridel échappera de
peu à la mort sur le front d'Aragon. À la demande de
ses compagnons, il rentre en France à l'automne pour
entreprendre une tournée de propagande destinée à
récolter des fonds pour le centre de ravitaillement des
milices antifascistes d'Espagne. L'année suivante, il
quitte l'Union anarchiste, avec ses amis, à la suite de
désaccords sur le rôle des groupes d'usine et sur l'analyse des événements espagnols : il dénonçait l'attitude
temporisatrice des ministres anarchistes lors des
affrontements de Barcelone avec les staliniens en
mai 1937 et, plus généralement, le divorce entre la base
et la direction de la CNT.

En 1938, il milite dans les cercles syndicalistes Lutte
de classes, qui regroupaient des syndicalistes de la CGT
opposés au réformisme et au stalinisme, puis il lance
la petite revue *Révision*, sur laquelle nous reviendrons.

MINORITAIRE AU TROISIÈME
OU AU QUATRIÈME DEGRÉ

Dès ses premiers articles, Ridel se livre à une analyse
sans complaisance des lacunes de son propre mouvement politique, soulignant que « les nouveaux venus
restent le plus souvent ahuris devant le mobilier et le
fonctionnement intérieur [15] ». Il trace un portrait viru-
lent de ceux qu'il qualifie d'« anarchistes de gouvernement », lesquels se retrouvent souvent dans des
« formations d'aspect indépendant : maçonnerie,

---

15. Ridel, « Anarchistes de gouvernement », *Révision*, février 1938, n° 1.

libre-pensée, ligues pacifistes ou antifascistes [16] ». Selon lui, « aucun idéal n'a peut-être suscité autant d'enthousiasme et d'esprit de sacrifice que l'anarchisme. Aucun n'a autant brisé les énergies et les dévouements par son incohérence, sa cuisine intérieure et ses liens avec la démocratie bourgeoise [17] ». Considérant que la recherche d'un esprit libertaire est plus importante que l'appellation d'origine contrôlée, il écrira dans *La Chevauchée* : « Minoritaires au troisième ou au quatrième degré, se refusant même à être dupes de leur propre mouvement, cherchant désespérément comme une goulée d'air pur, la chaleur de la vie quotidienne entre copains, et la clairvoyance. Solidaire, mais pas dans le mensonge et la duperie. [18] » De 1935 à 1937, il souligne que « des phénomènes d'entente, voire d'alliance, et même d'osmose, ont existé entre jeunesses anarchistes et jeunesses socialistes, de même qu'entre l'Union anarchiste et le Parti socialiste ouvrier et paysan (PSOP) », précisant que « le rapprochement s'effectuait sur un terrain libertaire, bien plus que par le ralliement des militants anarchistes à une conception de parti » [19].

Ridel privilégiait donc les revues et les regroupements transversaux plutôt que le mouvement anarchiste *stricto sensu*. C'est ce qui explique sa collaboration à la revue

---

16. *Ibid.*

17. *Ibid.*

18. Lire *supra*, p. 38.

19. Communauté de travail du CIRA, *Société et contre-société*, Librairie Adversaire, Genève, 1974, p. 19.

syndicaliste révolutionnaire *La Révolution prolétarienne*, regroupant, sous l'autorité tutélaire de Pierre
Monatte, des militants de diverses sensibilités (anarchistes, anarcho-syndicalistes, syndicalistes révolutionnaires, ex-communistes, socialistes de gauche,
trotskistes, etc.) ; et sa participation active au cercle
syndicaliste Lutte de classes (créé au début de 1937)
comme à son bimensuel, *Le Réveil syndicaliste*. Ridel
écrivit également dans le mensuel *Essais et Combats*, qui
regroupait les exclus de la Fédération nationale des
étudiants socialistes ainsi que des étudiants anarchistes,
des membres de Front social et des pacifistes incondi-
tionnels, élèves de Michel Alexandre, un disciple
d'Alain. Dans une enquête sur le marxisme qu'elle
adressa à nombreuses personnalités du mouvement
socialiste, cette revue demandait « si les bouleverse-
ments intervenus depuis le début du siècle, et surtout
depuis 1914, [avaient] fait apparaître des points faux ou
devenus caducs, ou encore des insuffisances, et si l'on
[voyait] s'esquisser les éléments d'une révision révolutionnaire du marxisme ou d'une nouvelle théorie
socialiste établie sur des fondements différents [20] ».

C'est dans cette perspective d'une mise à jour des
idées révolutionnaires que Ridel lança, avec quelques
camarades, la petite revue *Révision*, dont le premier
numéro parut en février 1938. Il signe son manifeste aux
côtés de Marie-Louise Berneri [21], de jeunes libertaires

---

20. Jean Rabaut, *op. cit.*, p. 303-304. Lire la réponse d'André
Prudhommeaux [décembre 1937], *Agone*, 2003, n° 28, p. 259-261.
21. Lire *supra*, p. 199, note 1.

et de jeunes socialistes pivertistes (Jean Meier, Jean Rabaut). Participaient aussi à la revue l'anarcho-syndicaliste Nicolas Lazarévitch et Julien Coffinet [22]. D'entrée, ce manifeste affirme que, « à l'intérieur ou en marge des tendances officielles, des révolutionnaires sincères et honnêtes rejettent les credo et les catéchismes vieillis pour rechercher une interprétation des faits et une méthode d'action qui tiendraient compte des facteurs nouveaux que les événements de notre siècle ont révélé… » Il constate que « les différentes écoles socialistes paraissent répondre insuffisamment aux problèmes actuels » et souhaite « devenir un centre de ralliement, un point de contact possible entre tous ceux qui, sous des étiquettes différentes, pensent et luttent dans une même direction : un socialisme libre et humain, un socialisme libertaire », c'est-à-dire ne concevant « la lutte sociale et la société nouvelle que sur les bases d'une démocratie véritable ». La revue fustige « la politique incertaine et lâche des dirigeants de la IIe Internationale ; la politique de trahison de la IIIe qui aboutit en URSS à la dictature stalinienne et à des partis communistes qui ne représentent, malgré leur base ouvrière et par leur manque de démocratie interne, que des ambassades

---

22. Julien Coffinet est passé par le groupe de Boris Souvarine, le Cercle communiste démocratique, puis fait partie des militants qui fondent la tendance de la SFIO le Combat marxiste et la revue éponyme. (Lire Charles Jacquier, « L'exil de Julien Coffinet, ou un marxiste hérétique à Montevideo », *Dissidences*, octobre 2002-janvier 2003, n° 12-13, p. 79-83 et le dossier que lui a consacré la revue *Agone*, 2005, n° 33, p. 205-231.)

et des succursales de l'impérialisme soviétique ; le
doctrinarisme hypercritique et stérile des diverses
oppositions communistes ; l'opportunisme et le pu-
risme qu'on trouve étroitement associés dans certaines
tendances anarchistes [23] ».

Outre la place de la démocratie, inséparable du socialisme, la revue se caractérise par sa volonté d'étudier les
réalités nouvelles afin de « rechercher les solutions libertaires à la révolution en rapport avec la situation politique et sociale d'un avenir proche, dans le cadre des
forces réelles existantes » ; l'objectif étant de dégager
« un courant révolutionnaire libéré des boulets de la
tradition et de l'uniforme des conformismes ».

Dans le même esprit, Ridel tirait un bilan sans conces-
sion de la défaite espagnole en soulignant que « les révolutionnaires désintoxiqués du marxisme talmudique et
de l'anarchisme vaseux » se retrouveraient dorénavant
autour des « principes de la morale révolutionnaire, de
la lutte de classe et de l'internationalisme » [24].

UN RÉSEAU INTERNATIONALISTE
ET QUELQUES MILITANTS MÉCONNUS

À la veille du conflit, le climat était au découragement
pur et simple, sinon au désespoir. Pour Daniel Guérin,
la déclaration de guerre représentait « une rupture, un

---

23. *Révision*, n° 1, p. 3-4. Lire également David Berry, « Charles Ridel
et *Révision* 1938-1939 », *in Présence de Louis Mercier, op. cit.*

24. Ridel, « Pour repartir », *L'Espagne nouvelle*, juillet-août-septembre
1939, n° 67-69, p. 24.

traumatisme, une mutation violente [25] ». Il dira plus tard n'avoir été, durant ces années sombres, « qu'un fétu de paille surnageant à grand-peine sur les éléments déchaînés [26] ». Quant à Victor Serge, il écrivit le 13 novembre 1939 : « Nous allons vivre désormais sur une banquise emportée par des courants marins, on ne sait vers où, et qui continuera à se lézarder. [27] »

C'est là que commence *La Chevauchée anonyme*, sur cette déroute du mouvement révolutionnaire : « Les organisations étaient bloquées, vidées de leur contenu par la mobilisation, paralysées par la surveillance policière. [28] » Il n'y a plus aucune action collective possible, chacun jouant sa peau. Nous sommes à Marseille, début septembre 1939, et l'un des deux personnages derrière lesquels l'auteur se met en scène constate que « la France [est] une trappe dans une plus grande trappe européenne en train de se refermer ». Parrain retrouve l'anarchiste italien Mario (c'est-à-dire Pio Turroni [29]) dans un petit hôtel-restaurant – sis 44, quai

---

25. Daniel Guérin, *Front populaire, révolution manquée. Témoignage militant*, Actes Sud, 1997, p. 405.

26. Daniel Guérin, *Le Feu du sang. Autobiographie politique et charnelle*, Grasset & Fasquelle, 1977, p. 45.

27. Jean Rabaut, *op. cit.*, p. 330.

28. Lire *supra*, p. 15.

29. Exilé en France en 1923 pour échapper à la répression fasciste, Pio Turroni (1906-1982) part combattre en Espagne dans les rangs anarchistes en 1936, puis revient à Marseille, l'année suivante, après avoir été blessé, peu après les journées de Barcelone. Arrêté en septembre 1939 et libéré en mai 1940, il est à nouveau emprisonné et parvient à s'embarquer pour l'Afrique du Nord (Oran, puis le Maroc). De là, il gagne le Mexique en novembre 1941, où il reste jusqu'en

du Port, où vit ce dernier – pour le convaincre de l'accompagner dans sa fuite hors d'Europe. L'auteur en fait ce portrait : « Mario, c'était la solidité, le calme, la poignée de main ferme, la conviction agissante. [...] La certitude que la situation était désespérée, qu'elle ne pouvait qu'empirer, et une volonté constante de tenir. [30] » Tout le ton du livre – tout Mercier aussi – sont dans ces quelques mots. Après le refus de son ami, il décide de rejoindre la Belgique, à partir de laquelle il pense avoir plus de chances de quitter l'Europe grâce à l'aide des réseaux libertaires [31]. Aussitôt arrivé à Bruxelles, il passe à la librairie de Martin (Hem Day) puis cherche une filière clandestine de départ pour le Nouveau Monde. C'est à Anvers qu'il embarque, avec de faux papiers en poche, à bord d'un vieux navire grec qui va charger du charbon en Angleterre avant de traverser l'Atlantique.

Une fois en Argentine, grâce à un centre d'accueil pour les réfugiés d'Espagne et à la solidarité des militants syndicalistes de la FORA, il trouve un logement et son premier emploi. Il rencontre notamment Jacobo

---

1943. Il regagnera ensuite l'Afrique du Nord, puis l'Italie où il participera à la reconstruction du mouvement anarchiste, animant de 1946 à sa mort la revue *Volontà*.

30. Lire *supra*, p. 18.

31. Dans son mémoire sur le mouvement anarchiste en Belgique francophone, Nicolas Inghels évoque, à propos de Hem Day et du CIDA, l'existence d'« un réseau d'évacuation, notamment vers l'Amérique du Sud » (*Le Mouvement anarchiste en Belgique francophone de 1945 à 1970*, dir. José Gotovitch, Université libre de Bruxelles, 2001-2002 p. 16).

Prince [32] – Duque, dans le livre –, personnalité de premier plan du mouvement libertaire argentin. Il se rend ensuite au Chili, où il retrouve Albert et Mimi (André Germain et sa compagne, Lucienne [33]) – cet anarchiste français s'était installé à Santiago après la guerre d'Espagne et sa participation à deux décennies de luttes sociales en Europe (révolution spartakiste en 1918, occupations d'usines en Italie du Nord en 1920 et révolution espagnole de 1936).

Dans ces deux pays, Mercier essaye de renouer des liens entre les militants internationalistes dispersés de par le monde. Il est en contact avec l'équipe de *War Commentary* [34], qui publie quelques-uns de ses articles : un premier, en mai 1940, sur l'Argentine considérée comme une colonie anglaise ; trois en 1941 : en août sur la situation des partis politiques en France, en septembre sur les répercussions de la guerre en Amérique du Sud et en décembre pour définir le rôle et l'attitude des révolutionnaires devant la guerre ; un autre en janvier 1942,

---

32. Conférencier, orateur, journaliste, et artisan inlassable de l'unité des anarchistes, Jacobo Prince (1901-1978) s'était rendu en Espagne en 1936 avec une délégation de la Federación Libertaria Argentina. Il travailla à la rédaction de *Solidaridad Obrera* jusqu'à la chute de Barcelone en février 1939. Il fut ensuite interné au camp d'Argelès (Pyrénées-Orientales), puis hospitalisé, avant de rejoindre Marseille et de retourner dans son pays d'origine, via le Chili. (Lire Jacinto Cimazo, *Una voz anarquista en la Argentina, vida y pensamiento de Jacobo Prince*, Reconstruir, Buenos Aires, 1984.)

33. Lire « Mort d'André Germain », *CILO*, novembre 1964, n° 30.

34. Sur *War Commentary*, lire *supra*, p. 198 *sq.*, ainsi que l'anthologie *The Left & World War II. Selections from the Anarchist Journal War Commentary 1939-1943*, Freedom Press, Londres, 1989.

sur les aspects révolutionnaires de la guerre, et un dernier en décembre 1943, sur la crise au Liban.

Il garde aussi le contact avec les anarchistes italo-américains de *L'Adunata dei Refrattari* (New York) [35]. Pendant la guerre, cette revue publie l'article de Mercier sur l'Espagne (« Pour repartir ») puis, en 1941, étalée sur plusieurs numéros, une étude qui pose « la question angoissante de la succession du capitalisme [36] ».

LE RÉSEAU LATINO-AMÉRICAIN

C'est, bien sûr, avec les exilés en Amérique latine – « [ces] scories que la marée des guerres européennes a déposées sur ces plages [37] » – que les contacts sont les plus nombreux. Le groupe le plus important se trouvait à Mexico, car la politique d'accueil relativement libérale du gouvernement avait permis à un grand nombre de réfugiés européens de s'y retrouver – Espagnols, anarcho-syndicalistes de la CNT-FAI, militants du POUM et socialistes du PSOE en particulier. Un noyau se structure autour de l'ancien leader du POUM Julián Gorkin [38], du socialiste de gauche

---

35. Lire *supra*, p. 240 note 2.

36. Cette étude, « Au-delà du capitalisme », sera reprise en français après la guerre sous le titre *Les Anarchistes face à la technocratie* et le pseudonyme de Santiago Parane, Éditions du Libertaire, s. d. [1950].

37. Ricardo Piglia, *Respiration artificielle*, André Dimanche, 2000, p. 116.

38. Lire Marc Ferri Ramírez, « Julián Gorkin, la vida de un luchador » ; et Juan Manuel Vera, « Experiencia y pensamiento anti-totalitario en Julián Gorkin », *in* Julián Gorkin, *Contra el estalinismo*, Ediciones Laertes & Fundación Andreu Nin, Barcelona, 2001.

français Marceau Pivert [39], expulsé des États-Unis en avril 1940 en raison de ses activités politiques, et de l'écrivain Victor Serge qui, ayant quitté Marseille en mars 1941 avec l'aide du Centre américain de secours de Varian Fry, débarque en septembre au Mexique. Ils y retrouvent Bartolomé Costa-Amic [40], lui aussi militant du POUM, qui a participé à la fondation des éditions Quetzal en 1940 et deviendra après-guerre un des grands éditeurs du sous-continent. Après l'assassinat de Trotski, ces réfugiés sont en butte aux agressions physiques et aux calomnies répétées des staliniens. Ils publient d'abord, à Mexico, une petite revue en espagnol, *Anàlisis*, sur laquelle Mercier porte une appréciation mitigée : « La revue nous change de la littérature impérialiste qui coule à flots, écrit-il à Pivert. Mais elle sent le vieux, le désabusé. Il faudrait essayer de renaître en 1942. »

L'année suivante, c'est la création du mouvement Socialisme et Liberté, qui publie le mensuel *Mundo*. Parmi les propositions de la « déclaration de principes » du mouvement, on note l'hostilité à toute dictature de caste, de parti ou de syndicat ainsi qu'à la « pensée dirigée » et l'affirmation selon laquelle « le socialisme est la réalisation la plus large et la plus complète de la démocratie » [41]. Ce manifeste insiste aussi

---

39. Lire Jacques Kergoat, *Marceau Pivert, « socialiste de gauche »*, L'Atelier, 1994, p. 167-217.

40. Lire sa biographie sur <www.fundanin.org/costa-amic.htm>.

41. Feuillets dactylographiés « Déclaration de principe du mouvement international Socialisme et Liberté », Mexico DF le 25 mars 1943, Archives Marceau Pivert, Centre d'histoire sociale du XXe siècle

sur le « contrôle absolu des organismes de base », la
« révocabilité des délégations » et le respect absolu de
l'individu. Les militants signataires appartiennent,
pour l'émigration espagnole, à la CNT, à l'UGT, à la
FAI, au POUM, au PSOE et, pour les Français, au
PSOP et à *La Révolution prolétarienne*. Il y aussi des
Italiens de l'UAI et des Allemands du SAP, le
Sozialistische Arbeiterpartei. Pour Marceau Pivert, ce
manifeste est très positif car il lève les barrières entre
anarchistes et socialistes de gauche en annonçant « la
bonne nouvelle d'un accord possible entre toutes les
tendances antitotalitaires du socialisme ». Fenner
Brockway, le leader de l'Independent Labour Party
britannique (ILP), estime toutefois que le document
« va un peu trop dans le sens de l'anarchie ». Mais la
correspondance entre Ridel-Mercier et Pivert montre
que cette influence des idées libertaires ne tombait
pas du ciel. C'est en effet Mercier qui propose à Pivert
« un regroupement, pratique, d'action » entre les
groupes révolutionnaires décidés à dépasser les vieilles
habitudes de penser et, sinon, à résoudre, du moins à
affronter les problèmes du moment. Il précise : « La
méthode que nous avons réalisée en pratique au *Réveil
syndicaliste*, tout empirique, s'est révélée bonne. Celle
de résoudre chaque problème concret d'une façon
concrète, en ne comptant que sur nos forces, en
dehors de tout formalisme et de tout doctrinarisme.

(Université Paris I-Panthéon Sorbonne) – désormais AMP. L'inventaire
de ce fonds a été réalisé par Gilles Morin et présenté dans les bulletins
du Centre (1995, n° 18 ; 1998, n° 21 ; 2000, n° 23).

Et cela a permis à des anars de rompre avec le gouvernementalisme, à des socialistes de gauche de perdre leurs illusions sur les syndicalistes "indépendants", à des trotskistes d'envoyer promener Trotski et ses bulles papales, à des staliniens d'hier de comprendre enfin le mécanisme des grèves suivant les nécessités de l'impérialisme. C'est là, je crois, le chemin d'une possible entente. Et cela n'empêche ni la lucidité, au contraire, ni l'étude. Mais cela forme des militants qui connaissent la réalité et les possibilités de chaque jour et conservent les expériences d'hier en perdant les formules d'hier. [42] »

Dans cette même lettre, Mercier met Pivert en contact avec Julien Coffinet, ancien collaborateur de *Révision*, qui sera, à Montevideo, une des chevilles ouvrières d'un mouvement créé la même année en Uruguay, s'inspirant des mêmes principes et portant le même nom, mais indépendant de celui de Mexico. *Socialismo y Libertad* de Montevideo constitue une expérience intéressante de revue trilingue, à laquelle collaborent socialistes, anarchistes et républicains unis dans leur lutte contre le fascisme et pour une Europe fédéraliste et socialiste. Animée par Luce Fabbri [43], cette revue sortit six numéros entre septembre 1943 et juin 1944. Les anarchistes sont représentés par Luce

---

42. Lettre du 11 janvier 1942 (AMP).

43. Réfugiée en Uruguay en 1929, Luce Fabbri (1908-2000) était la fille de l'anarchiste italien Luigi Fabbri et l'éditrice de la revue *Studi sociali*. (Lire Margareth Rago, *Entre a História e a Liberdade. Luce Fabbri e o Anarquismo Contemporâneo*, UNESP, São Paulo, 2001.)

Fabbri, qui s'occupe de la partie italienne avec l'aide de Torquato Gobbi; d'un point de vue socialiste, Julien Coffinet dirige la partie française; et les républicains fédéralistes Fernando et Pilar Cárdenas sont en charge des questions espagnoles. Chacun y écrivait à partir de ses propres positions avec le souci de présenter le point de vue des courants internationalistes et anticapitalistes à l'intérieur des mouvements de résistance au fascisme. Leurs objectifs : la défense d'un socialisme libre, antitotalitaire, d'un antifascisme non nationaliste et de la distinction entre peuples et gouvernements, c'est-à-dire le soutien aux Allemands et aux Italiens opprimés par le nazisme et le fascisme. Alors même que la guerre n'est pas terminée, la revue veut mettre l'accent sur le double et angoissant péril d'une restauration du vieux monde capitaliste comme d'une possible dérive vers le totalitarisme [44]. Dans un éditorial de *Studi sociali* d'avril 1943, Luce Fabbri résume ainsi cette préoccupation : « Il ne faut pas laisser aux contre-révolutionnaires le monopole de la propagande révolutionnaire. La lutte contre le fascisme est une révolution; que tous ceux qui veulent le socialisme dans la liberté s'en convainquent, le disent et luttent, afin que les inévitables transformations soient accomplies par les peuples et non par les gouvernements. [45] »

---

44. Lire l'article « No somos un partido », *Socialismo y Libertad*, 10 décembre 1943, n° 3, p. 1.

45. Sous le titre « Point de vue anarchiste », *Le Réveil anarchiste* de décembre 1943, publié clandestinement en Suisse, traduisit la conclusion de ce texte.

À Mexico comme à Montevideo, ces tentatives originales de regroupement s'expliquent par le contexte d'isolement extrême de ces militants, en butte à tous les appareils étatiques, bureaucratiques et policiers. Ils tentent, dans cette période sombre et tragique, de travailler ensemble sur une base large. Au-delà de la conjoncture particulière de la guerre, il y a aussi chez Mercier, comme on l'a vu, une culture politique hétérodoxe dans son propre milieu et la volonté de prolonger, dans une période radicalement nouvelle, des expériences de regroupements transversaux entre militants de différentes cultures politiques.

BILAN ET PERSPECTIVES

Comme toujours, Mercier insiste sur la nécessité de répondre aux questions présentes, mais cela appelle d'abord un retour critique sur le passé récent. Et c'est dans sa contribution à un projet de brochure, intitulée *L'Ère des économies dirigées* sous l'égide du Cercle d'informations socialistes internationales – aux côtés de Paul Chevalier [46], Julien Coffinet, Marceau Pivert

---

46. Pseudonyme de Leo Weiczen, dit Valiani (1909-1999). Originaire d'une famille juive de Fiume, cet opposant au fascisme rejoint le Parti communiste dans la clandestinité. Expulsé en France en 1936, après plusieurs années de prison, il s'est rendu en Espagne comme correspondant du *Grido del Popolo*. C'est là qu'il sympathisera avec le POUM et rompra avec le mouvement communiste, à la suite du Pacte germano-soviétique, pour rejoindre le groupe Giustizia e Libertà fondé par les frères Rosselli. Arrêté et interné dans un camp des Pyrénées, il s'enfuit pour le Mexique en fin 1941. De retour au pays en juillet 1943, il devient secrétaire du Partito d'Azione, qui avait pris la suite du mouvement des frères Rosselli.

et Victor Serge –, qu'il exprime sa critique la plus sévère du mouvement ouvrier. « Sous divers prétextes, écrit-il à propos des grandes organisations, tous les mouvements ouvriers officiels ont contribué à émasculer le sentiment de la dignité du travailleur. Dans la social-démocratie, tout "extrémisme" fut combattu avec une parfaite dialectique bourgeoise… Le mouvement ouvrier devait être "responsable", "prudent", "endimanché". Les ouvriers devaient présenter bien et réclamer non pas les droits à une personnalité intégrale, mais les avantages d'une vie petite-bourgeoise… De son côté, le mouvement communiste voulut faire des ouvriers des soldats et des militants des sous-officiers, avec naturellement la mentalité correspondante. Mais les ouvriers n'étaient pas venus au mouvement socialiste pour mettre leur chapeau ou leur cravate, ni pour vivre dans une caserne… [47] » Une critique qui n'épargne pas l'aile révolutionnaire du mouvement ouvrier « gangrenée par la démocratie bourgeoise et […] incapable, à quelques exceptions individuelles près, de passer à l'action dans des circonstances nouvelles, dans une situation neuve, d'être un facteur, une volonté déterminante [48] ».

Quand la guerre fait rage, il faut poser les problèmes essentiels afin de rester lucides. Aussi insistait-il sur

---

47. Tapuscrit in AMP (559 AP 6) : projet de brochure du Cercle d'informations socialistes internationales, intitulé *L'Ère des économies dirigées* et daté du 30 juillet 1942. Cette contribution est signée Ridel, « militant syndicaliste de tendance libertaire, engagé volontaire dans les Forces françaises libres, combattant en Afrique ».

48. Lettre du 11 janvier 1942 (AMP).

« l'abandon de l'idée, du mythe de la mission historique, automatique et inéluctable du prolétariat et
son remplacement par des éléments de volonté ou de
morale négligés depuis des années dans le mouvement ouvrier » comme sur « la signification sociale de
la nouvelle classe qui monte au pouvoir ou y est déjà
installée : le personnel de gestion, la technocratie » [49].

Concernant la caractérisation de classe du fascisme
et l'évolution du système capitaliste, il écrivait, dans
une autre lettre : « En vrac, voici ce que je pense : une
classe nouvelle a pris, prend ou est en passe de prendre
le pouvoir dans les pays industrialisés ou en voie d'in-
dustrialisation. Il y a des différences, des nuances, des
caractères distincts, mais, en bloc, il y a un mouvement
général bien net. Cette classe, c'est le personnel de gestion. D'autres – les Russes par exemple – l'appellent
l'intelligentsia, d'autres la bureaucratie ou encore les
technocrates. Dans ce processus de la liquidation du
capitalisme libéral par des forces autres que celles du
prolétariat et suivant une volonté différente de la lutte
pour le socialisme tel que nous le concevons, les
anciennes classifications, les anciennes phraséologies
comptent pour peu et toute la géographie politique et
sociale – telle que nous l'avons apprise dans les bouquins classiques, même s'ils sont révolutionnaires socialistes ou anarchistes – se trouve bouleversée. D'autre
part, si cette révolution s'est manifestée avec une certaine clarté dans les pays où les facteurs économico-

---

49. *Ibid.*

sociaux, comprimés à l'extrême, devaient éclater brutalement, il y a d'autres pays, les démocraties, où l'évolution plus lente, parce que sur un terrain moins
brûlant, aboutit au même résultat sous les effets des
nécessités de la guerre ; et encore d'autres nations, où
certaines étapes ont été littéralement sautées dans un
effort pour se mettre au niveau des autres nations,
Japon et URSS, à des degrés différents. [50] » Et de poursuivre : « Le prolétaire, tel que nous avons appris à le
qualifier, c'est-à-dire celui qui ne possède que sa force
de travail et qui la vend, n'existe plus. À de rares exceptions près, le monde entier ne contient que des esclaves
qui travaillent suivant les besoins de l'État, de la guerre,
des luttes impérialistes et non suivant sa lutte avec le
patron. L'État est passé d'instrument du capitalisme,
de sanction du pouvoir, au rôle de pouvoir lui-même.
Son suc, sa chair et ses nerfs, c'est la classe nouvelle.
L'expression politique, c'est le parti unique. L'intérêt
suprême, c'est l'ensemble des éléments qui constituent
l'État et leur défense et leur agrandissement au détri-
ment des autres États. Le moteur, c'est l'expansion
impérialiste. Et le seul élément qui, en fin de compte,
lie la classe nouvelle à l'ancienne, c'est une technique
identique. […] Que cela soit tout provisoire, d'accord.
Mais pense que le capitalisme classique n'a duré qu'un
siècle à peine ! Trois ou quatre générations. Les gens
marchent suivant le pendule de l'histoire, sinon suivant
les possibilités immédiates. La jeunesse, dans les pays

---

50. Lettre du 16 février 1942 (AMP).

fascistes et soviétique, a une issue maintenant. L'armée, les milices, la police, la bureaucratie, le parti. Et elle nous échappe. [51] »

D'une manière générale, la préoccupation constante de Mercier était de mettre en garde aussi bien les exilés que les mouvements de résistance européens contre leur seul rôle de « pions sur l'échiquier des puissances impérialistes » alors qu'ils auraient dû « concentrer leurs efforts sur la participation aux luttes sociales dans leurs propres pays » [52].

L'ADJUDANT MERCIER

Quand Mercier s'engagea dans les Forces françaises libres (FFL) à Brazzaville, le 26 juin 1942, pour le restant de la guerre, ses amis furent très partagés sur cette décision – et certains même hostiles, comme l'indique une lettre de Marceau Pivert en date du 26 mai 1942. Comment expliquer cette décision *a priori* paradoxale ?

Tout d'abord, Mercier a rapidement découvert les limites de sa condition d'émigré, éloigné des réalités quotidiennes du conflit européen et des nécessaires changements qui étaient en train de s'opérer dans les rapports de force sur le terrain social. Au début de 1941, il écrivait à Pivert : « Nous sommes en réalité des émigrés, c'est-à-dire des gens qui voient mal et qui sentent faussement une situation qui a évolué rapidement en

---

51. *Ibid.*

52. Ridel, « Aspects révolutionnaires de la guerre », *War Commentary*, janvier 1942.

deux ans. Trop d'optimisme ou trop de pessimisme. Il y a, j'en suis sûr, moyen d'utiliser les nouveaux "anciens combattants" dans un sens socialiste. La peur comme le danger commun, la vie réduite à des actes simples, la sortie de l'ambiance locale et quotidienne, laissent des traces parmi les mobilisés et les démobilisés. Les mouvements de jeunesse possèdent également des tendances exploitables. Le chômage et les besoins de débrouillage en face du froid et de la faim peuvent aussi faciliter la création d'équipes actives. Mais pour cela il faut des militants guéris de toute vérole impérialiste et de toute langueur démocrate bourgeoise. Il faut créer la frontière entre le troisième camp et les deux autres par la violence. En France inoccupée, il y a possibilité d'arriver à une forme de guerre civile. Dans la région occupée, à la création d'équipes disciplinées. Mais *il faudrait être sur place*, chercher les mots d'ordre sur les lieux mêmes, frapper à coup sûr. Nous ne pouvons aider ceux qui agissent que par un maximum de lucidité et peut-être par quelques moyens matériels. [53] »

D'autre part, l'évolution de la guerre l'incita à essayer par tous les moyens de revenir à l'épicentre européen du conflit. Il devançait ainsi d'un an et demi son compagnon Pio Turroni, qui quitta le Mexique pour l'Afrique du Nord, puis l'Italie, en novembre 1943. De même pour Leo Valiani, alors que les espoirs des révolutionnaires se tournent vers l'Italie, où de grandes grèves avaient éclaté dans les usines du Nord en

---

53. Lettre du 11 janvier 1941 (AMP). C'est moi qui souligne.

mars 1943 [54]. Le 10 juillet, les troupes anglo-américaines débarquent en Sicile, première étape de la reconquête de l'Europe occidentale par les Alliés. Le 24 juillet, le Grand Conseil fasciste, tirant les conclusions des défaites de l'Axe, obtient la démission de Mussolini et son remplacement par le maréchal Badoglio. Après l'armistice du 6 septembre entre l'Italie et les Alliés, les Allemands occupent le Nord du pays jusqu'à Rome, tandis que le Sud est dirigé par Badoglio sous le contrôle des anglo-américains, le pays devenant le lieu d'affrontement des armées étrangères et la résistance locale étant cantonnée, de plus ou moins bon gré, au rôle de force d'appoint des Alliés. Après la guerre, Mercier soulignera que les activités antifascistes dans le sud de l'Italie étaient étrangères aux « grandes combinaisons politico-militaires montées entre Alliées » ; précisant que, « si la presse communiste fut, dès le débarquement, autorisée et soutenue par les autorités anglo-saxonnes, les feuilles anarchistes ont attendu le permis pendant un an et demi et durent être éditées et diffusées clandestinement, comme sous le fascisme » [55].

Nommé caporal en août, Mercier arrive à Beyrouth en décembre 1942, où il est successivement caporal-

---

54. Le numéro 3 de *Mundo* (juillet 1943) titre en une « La revolución europea ha comenzado en Italia », tandis qu'un éditorial, en page 3, souligne que « la révolution italienne doit se transformer en révolution européenne ».

55. Louis Mercier, « L'Italie multiple », *Preuves*, janvier 1956, n° 59, p. 94-95.

chef, sergent (1943) et adjudant (1945). Après avoir été
affecté à l'infanterie coloniale, puis à l'infanterie métro-
politaine, il est détaché à Radio Levant (Beyrouth), au
service de l'information de la Délégation générale de
la France libre, en avril 1945. Parti d'Alexandrie en
octobre, il débarque à Marseille le 11 novembre et sera
démobilisé le 6 décembre 1945 à Paris.

Tels sont les états de service de l'adjudant Louis
Mercier, qui, contrairement à ses espérances et malgré ses efforts, ne parvient pas à rejoindre l'Europe.
Une fois sous l'uniforme, il a les plus grandes difficultés à correspondre avec ses amis, à entretenir des
relations suivies, sans parler d'une activité politique.
Beaucoup de courriers se perdent ou, empruntant des
chemins détournés, mettent des mois à parvenir à
leurs destinataires. C'est Marie-Louise Berneri qui sert
de relais et de boîte aux lettres, rassurant les amis
d'outre-Atlantique inquiets de ne plus recevoir de ses
nouvelles pendant des mois. Durant ces années, il ne
parviendra à publier qu'un seul article sur la situation
au Liban, dans *War Commentary*. En outre, il se trouve
coupé des débats que mènent les émigrés européens
d'Amérique latine, autour de *Mundo* à Mexico, sur les
causes des défaites du prolétariat dans l'entre-deux
guerres, la nature du fascisme et de la guerre, les spé-
cificités du stalinisme et la crise générale du socialisme
et du mouvement ouvrier [56].

---

[56]. On en trouve l'essentiel dans la brochure de Victor Serge, Julián
Gorkin, Marceau Pivert et Paul Chevalier, *Los problemas del socialismo
en nuestro tiempo*, Ediciones ibero americanas, Mexico, 1944.

La guerre terminée, Mercier ne reviendra qu'une seule fois – et indirectement – sur ces semaines de traversée du continent africain, dans un billet de *Preuves* consacré à une révolte au Soudan, où il évoque explicitement une « image de 1942 » : « Sur la piste qui longe le Nil Blanc, un homme marche. Nu, le corps teinté de bleu, la longue chevelure passée au rouge, il tient au bout d'une longe grossière une chèvre immaculée. Un aristocrate à l'état pur, hors de tout âge. Au loin, sur la vaste prairie de plantes hautes et drues, des vols lourds de pique-bœufs signalent les troupeaux d'éléphants. Et, sur le bateau qui transporte les compagnies de tirailleurs noirs, nous nous penchons, assommés ou émerveillés, soudain honteux de nos serouals grotesques et de nos vestes mouillées de sueur. Lui n'a pas un regard pour ce morceau d'humanité collé comme une motte sur une maison crachant la fumée et qui court par des chemins compliqués vers un monde où l'on s'entretue. [57] »

Au terme de ce parcours, il reste un rappel juste et émouvant de ces militants oubliés de tous, qui s'efforcèrent en vain de retrouver, mais dans un contexte beaucoup plus difficile, l'esprit de la déclaration internationaliste de Zimmerwald de 1915. Le mouvement révolutionnaire avait en effet été cette fois battu bien avant la déclaration de guerre, devant faire face à l'immense imposture stalinienne qui sortirait

---

[57]. Louis Mercier, « Où donc est Juba ? », *Preuves*, octobre 1955, n° 56, p. 55.

renforcée de la guerre. L'évocation de ces personnages méconnus, dont chaque itinéraire pourrait être le thème d'un roman fascinant où la vie et l'engagement ne font qu'un, illustre en particulier ce que Mercier disait de l'internationalisme anarchiste : « Un permanent échange d'expériences, de contacts fréquents entre militants, de participation commune à des campagnes de solidarité. [58] » Reste aussi l'idée que l'on peut beaucoup, même si l'on n'est pas nombreux, à condition rester lucide face à la réalité et, en même temps, de garder son autonomie face aux monstres froids des États et des organisations dominantes qui les soutiennent et y participent. S'il n'y a pas d'Histoire juste mais juste des histoires, celle que vous venez de lire permet précisément de remettre l'Histoire à l'endroit, vue d'en bas et vécue par quelqu'un n'ayant jamais renoncé à agir et comprendre dans les temps les plus sombres. Il n'est pas douteux de penser que cet exemple puisse également servir à l'avenir.

CHARLES JACQUIER
Marseille, novembre 2005

---

58. Louis Mercier, *L'Increvable Anarchisme, op. cit.,* p. 56.

Index [*]

---

[*] Les pages suivies d'un « *n* » renvoient à une note.

Table des matières

Achevé d'imprimer en janvier 2006
sur les presses du groupe Horizon
n° d'impression 0512--152

pour le compte des éditions Agone
BP 70072, 13192 Marseille cedex 20

Distribution en France & en Suisse
Les Belles Lettres
25, rue du Général-Leclerc
F-94270 Le Kremlin-Bicêtre
Fax 01 45 15 19 80

Diffusion en France : Athélès
Fax administration 04 91 64 52 13
Fax commande 01 43 01 16 70

Diffusion-distribution en Belgique : Aden
405-407 avenue Van Volxem, B-1190 Forest
Fax (00 32) 2 534 46 62

Diffusion-distribution au Québec : Dimédia
539, bd Lebeau, Ville Saint-Laurent (Québec)
Canada H4N 1S2
Tél. (514) 336-3941 - Fax (514) 331-3916

Dépôt légal 1er trimestre 2006
Bibliothèque nationale de France